Editorial

El entusiasmo de mi nieto de tres años, Dale, al recordarle a su papá que el siguiente día era domingo y que irían a la iglesia, me recordó el reto que tenemos como educadores de capturar el interés de nuestra niñez por el estudio de la Palabra de Dios. ¿Qué podemos hacer para que nuestros niños y niñas sientan entusiasmo e interés por relacionarse con la Palabra de Dios y que ésta se convierta en luz en sus vidas?

Como personas cristianas, aceptamos el llamado de nuestro Señor de ir por todo el mundo y predicar el evangelio. Como maestros y maestras de Escuela Bíblica, predicamos el evangelio a los más frágiles y vulnerables: nuestros niños y niñas. Es por esto que debemos asumir nuestra responsabilidad con gran celo, compromiso, seriedad, amor y entusiasmo.

A continuación le hacemos algunas sugerencias que le pueden ayudar para el mejor uso de Zona Bíblica®.

Para el director o la directora de la Escuela Bíblica:
- Antes de entregar el material a su personal de EB, haga copias de todo el material a ser fotocopiado en los libros de los tres niveles. Pueden ser tres fotocopias por lección.
- Prepare un archivo de cada nivel con las fotocopias de cada lección para que se facilite el proceso de hacer con anticipación las fotocopias de cada clase.
- Puede preparar un taller para entregar Zona Bíblica® a sus maestros y maestras para que se puedan familiarizar con todos los elementos y explicar el proceso de fotocopiado del material que habrán de seguir.
- Si tiene grupos bilingües, también puede ordenar el libro de Bible Zone® a Cokesbury.

Para los maestros y las maestras:
- Familiarícese con todos los elementos de Zona Bíblica®: Guía del maestro, Accesorios de Zona®, Transparencias y el disco compacto.
- Los objetivos de la lección están integrados a la Historia bíblica (trasfondo bíblico). Casi siempre los puede encontrar en los últimos párrafos.
- Estudie la lección con anticipación y determine los materiales a usar. Asegúrese de tener todas las fotocopias y los materiales que se van a usar en la clase.
- Cada lección le provee varias actividades. Determine cuáles va a realizar, y considere el tiempo y el espacio disponible. Modifique la lección de acuerdo a las necesidades de sus estudiantes, pero asegúrese de cumplir con los objetivos de la clase.
- Involucre a papás y mamás en el proceso de aprendizaje bíblico de sus hijos e hijas. Envíe al hogar la Zona Casera® semanalmente.

Éstas son algunas sugerencias para el mejor uso de este material. En Zona Bíblica® contamos con muchas actividades muy divertidas y que pueden ser de gran impacto para nuestra niñez. Maestro, maestra, ¡qué gran responsabilidad tenemos! ¿Sus estudiantes dirán a sus padres, "¡Levántate, papi! ¡Levántate, mami! ¡Hoy vamos a la iglesia!"?

Que Dios les bendiga.

Carmen Saraí Pérez
Editora
Zona Bíblica®

Abingdon

Donde la Biblia se hace vida

En la casa de Dios

Primarios menores

También disponible de Abingdon Press:

Zona Bíblica® de *Abingdon*
Pre-escolar
Paquete de DIVERinspiración®

Zona Bíblica® de *Abingdon*
Primarios mayores
Paquete de DIVERinspiración®

Escritoras: Lisa Flinn y Barbara Younger
Editora: Carmen Saraí Pérez
Editor de producción: Pablo Garzón
Director de diseño y producción:
R.E. Osborne
Diseñador: Roy C. Wallace III
Foto de la portada: Ron Benedict
Ilustradora: Megan Jeffery
Traductora: Darién Mejía Sandoval
Traductora de los cánticos: Diana Beach

Abingdon

Primarios menores

Donde la Biblia se hace vida

EN LA CASA DE DIOS

Abingdon Press
Nashville

Zona Bíblica® de Abingdon
Donde la Biblia se hace vida
EN LA CASA DE DIOS
Primarios menores

Derechos reservados © 2007 Abingdon Press

Todos los derechos reservados.

Ninguna parte de este trabajo, CON EXCEPCIÓN DE LAS PÁGINAS Y PATRONES QUE ESTÉN CUBIERTOS POR EL AVISO POSTERIOR, puede ser reproducido o transmitido en ninguna forma o por ningún medio, electrónico o mecánico, incluyendo fotocopiado y grabación, o por ningún sistema de recuperación y almacenaje de datos, con excepción de lo estipulado por la Ley de Derechos de Autor de 1976 o con permiso, por escrito, del editor. Las peticiones para permisos deben someterse por escrito a: Abingdon Press, 201 Eighth Avenue South, Nashville, TN 37203, por fax al (615) 749-6128, o sometidas por correo electrónico a permissions@abingdonpress.com.

• AVISO •
SÓLO PATRONES / PÁGINAS que están marcados como Reproducible pueden ser duplicados para uso en la iglesia local o la escuela de la iglesia. El siguiente aviso de derechos de autor es incluido en estas páginas y debe aparecer en la reproducción:

Permiso de fotocopiado otorgado para el uso de la iglesia local. © 2007 Abingdon Press.

Las citas de la Escritura
son de la Versión Popular Dios habla hoy
a menos que se especifique lo contrario.

ISBN 9-780-68764670-8

Créditos de arte:
Arte por Megan Jeffery.

Créditos de las canciones:

"Cristo me ama". "Marchamos a Sión" trad. © 2007 Abingdon Press. "Shalom javerim" trad. © 1982 The United Methodist Publishing House. "¡Vengan! ¡Todos adoremos!" © 1991 Cokesbury. "Aplaudir, pueblos todos" © 1972; trad. © 2007 Bud John Songs. "Saltar" © 2002; trad. © 2007 Pilot Point Music. "Todos alaben" © 1981; trad. © 2007 J. Jefferson Cleveland. "Venid, cantemos" © 1992 Abingdon Press. "A cantar" © 1982 Graded Press; trad. © 1997 Cokesbury. "Sirve a Dios" © 1977; trad. © 2007 Desert Flower Music. "Cuán poderoso es Dios" arr. © 1996 Group Publishing, Inc. "Señor, prepárame" © 1983 Full Armor / Whole Armor Music. "Dad gracias" © 1978 Integrity Music Inc. "Salta, camina y alaba a Dios" © 1995 Cokesbury; trad. © 1996 Cokesbury. "Cantaré" © 1974; trad. © 2007 Celebration.

**El disco compacto no se provee en este material.
Visitar Cokesbury.com/español para ver la disponibilidad de estas canciones para descargar electrónicamente.**

07 08 09 10 11 12 13 14 15 16—10 9 8 7 6 5 4 3 2 1

HECHO EN LOS ESTADOS UNIDOS DE AMÉRICA

En la casa de Dios

Unidades bíblicas en la Zona 6
Acerca de la Zona Bíblica® 7
Bienvenido a la Zona Bíblica® 8
Primarios menores 9
Dios llama a Samuel 10
Una casa para Dios 22
Josías 34
Zorobabel 46
Salmo 100 58
Jesús en el Templo 70
Jesús en la sinagoga 82
Sanando en la día de reposo 94
Sanando en la casa de Dios 106
El fariseo y el cobrador de impuestos 118
La ofrenda de la viuda 130
Pedro y Juan en la puerta la Hermosa 142
Salmo 150 154
Zona de comida 166
Zona de arte 168
Etiquetas para nombres 170
Zona de juego 171
Zona de historias 172
Móvil del camino correcto
(Reproducible de la Lección 6) 174
Comentarios de los usuarios 175

Unidades bíblicas en la

1. En la casa de Dios (Antiguo Testamento)

Historia bíblica	Versículo bíblico
Dios llama a Samuel	1 Samuel 3:9
Una casa para Dios	Salmo 122:1
Josías	Salmo 119:34
Zorobabel	Salmo 100:5
Salmo 100	Salmo 100:2

2. En la casa de Dios (Nuevo Testamento)

Historia bíblica	Versículo bíblico
Jesús en el Templo	Salmo 25:12
Jesús en la sinagoga	Lucas 2:52
Sanando en el día de reposo	Salmo 37:3
Sanando en la casa de Dios	Salmo 105:2
El fariseo y el cobrador de impuestos	Lucas 18:14
La ofrenda de la viuda	Salmo 50:23
Pedro y Juan en la puerta la Hermosa	1 Juan 4:21
Salmo 150	Salmo 150:1

Acerca de la 

Accesorios de Zona:

Accesorios de Zona® son juegos y materiales de apoyo para contar historias en el Paquete de DIVERinspiración® de la Zona Bíblica®. Luego de usar algunos Accesorios de Zona® tendrán que ser reemplazados. Estos se proporcionan para la comodidad del maestro.

- disco compacto
- pelotas de colores
- maracas de plástico
- pompones metálicos
- letras del abecedario plásticas
- bolsa de pepitas de oro
- flautas de plástico
- pelotas brillantes saltarinas
- 2 animales de peluche con brazos largos
- botellitas de burbujas con carita feliz
- corazoncitos de cristal de colores

Materiales:

- Biblia para cada estudiante
- tocadiscos de discos compactos
- cartulina, papel de estraza, papel para fotocopia, papel de construc-ción, papel de colores, papel de china, hojas grandes de papel, papel para tarjetas, papel de lija
- crayones, lápices, marcadores de fieltro
- reglas
- tijeras, perforador de agujeros, engrapadora
- pegamento, cinta adhesiva
- proyector de transparencias
- objetos ruidosos
- cajas de plástico, cajas de cartón, bolsa grande de papel o plástica
- platos de papel, vasos servilletas, tazón, cuchillo de mantequilla, escudilla para mezclar, cuchara de servir, tenedor, platón para tartas
- galletas, leche, tubo de escarcha, cereal con los granos en forma de letras, galletas graham, queso crema, manzanas, miel, nueces o semillas de girasol, galletitas en forma de animales, jugo, uvas sin semilla o cajitas de pasas, queso cortado en cubos, galletas, helado, mermelada para helado, bebidas, emparedados o dulces de tamaño pequeño, sopa de pollo, puré de manzana, tostada, galletitas en forma de pescado, galletas de vainilla, sodas, palomitas de maíz, emparedados de arroz, mantequilla de maíz, queso crema suavizado, pasas, pedacitos de chocolate, escarchitas para pasteles
- tarjetas bibliográficas
- hilo de tejer
- lámina del Templo de Jerusalén
- martillo, clavo, sujetador de papel, refuerzo para papel
- limpiapipas, cascabeles, escarcha de brillo o bolígrafo de escarcha
- directorio de la iglesia, boletín de adoración, artículos relacionados con la adoración
- enjuagado bucal antibacterial
- sostenedor no inflamable, astilla o cono de incienso, fósforos
- tocacintas, casete
- bandeja, sorbetes (pitillos o popotes), ganchos, arena, canasta
- plástico de burbujas para empacar
- sobres
- cronómetro o reloj con segundero
- colorante de comida, azul o verde
- bolitas de algodón
- papel de periódicos o papel toalla
- vendaje adhesivo
- centavos
- jarra transparente con tapa ajustada
- agua
- papel de aluminio
- fundas, toallitas, toalla
- animales de juguetes
- opcional: tijeras zigzag (picafestones), papel crepé, premios pequeños, etiquetas engomadas

Bienvenido a la  Bíblica

Donde la Biblia se hace vida

Diviértase aprendiendo acerca de las historias bíblicas favoritas del Antiguo y Nuevo Testamentos. Cada lección en esta guía del maestro está llena de juegos y actividades que harán el aprendizaje de DIVERinspiración® para usted y sus estudiantes. Con sólo algunos materiales adicionales, todo lo que el maestro necesita está incluido en el Paquete de DIVERinspiración® de la Zona Bíblica® de *Abingdon*.

Cada lección contiene un recuadro llamado En la Zona®:

 Dios quiere que compartamos nuestros dones y talentos con otras personas.

que se repite una y otra vez a través de la lección. En la Zona® declara el mensaje bíblico en un lenguaje que sus estudiantes pueden conectar con sus vidas.

Use las siguientes recomendaciones para que su viaje por la Zona Bíblica® esté lleno de DIVERinspiración® y ¡que sea todo un éxito!
- Lea cuidadosamente cada lección. Lea los pasajes bíblicos.
- Memorice el versículo bíblico y el lema de En la Zona®.
- Escoja las actividades que se adapten a su grupo de estudiantes y al tiempo que tenga disponible.
- Lea la historia de la Zona Bíblica®.
- Reúna los Accesorios de Zona® que usará en la lección.
- Reúna los materiales que utilizará en la lección.
- Aprenda la música para la lección que se encuentra en el disco compacto de DIVERinspiración®.
- Acomode su salón de tal manera que haya lugar suficiente para que sus estudiantes se puedan mover y sentar en el piso.
- Fotocopie las páginas reproducibles para la lección.
- Fotocopie la página para sus estudiantes en la Zona Casera®.
- Fotocopie cualquier página reproducible (páginas 166–174).

Primarios menores

Cada estudiante en su clase es un hijo único o una hija única de Dios. Cada estudiante tiene su propio nombre, historia, situación familiar y conjunto de experiencias. Es importante recordar y celebrar las diferencias particulares de cada estudiante. Sin embargo, estos hijos y estas hijas de Dios tienen algunas necesidades comunes.

- Todos los niños y las niñas necesitan amor.
- Todos los niños y las niñas necesitan un sentido de autoestima.
- Todos los niños y las niñas necesitan sentir la satisfacción de obtener logros.
- Todos los niños y las niñas necesitan tener un lugar seguro para ser ellos mismos y ellas mismas, de tal manera que puedan expresar sus sentimientos.
- Todos los niños y las niñas necesitan estar rodeados de personas adultas que les amen.
- Todos los niños y las niñas necesitan experimentar el amor de Dios.

Sus estudiantes de primarios menores (6-8 años de edad) también tienen algunas características en común.

Sus cuerpos
- Están creciendo a velocidades distintas.
- Tienen mucha energía, son inquietos, y tienen dificultad para estar sentados por mucho tiempo.
- Están desarrollando habilidades motoras finas.
- Quieren participar en lugar de observar o escuchar.

Sus mentes
- Están desarrollando habilidades académicas básicas.
- Están ansiosos de aprender cosas nuevas.
- Aprenden mejor mediante el trabajo imaginario y creativo.
- Tienen muy poco sentido del tiempo.
- Son pensantes concretos, y no pueden interpretar símbolos.
- Están desarrollando la habilidad para razonar y discutir.
- Les gusta participar en la planificación de sus propias actividades.

Sus relaciones
- Quieren jugar con otros niños y otras niñas.
- Son sensibles a los sentimientos de otras personas.
- Están substituyendo la dependencia de sus padres por la de sus maestros.
- Disfrutan de actividades pero frecuentemente cuestionan las reglas.
- Imitan a las personas adultas en actitudes y acciones.

Sus corazones
- Están dispuestos y dispuestas a aprender acerca de Dios.
- Necesitan personas adultas que les cuiden y que sean modelos del comportamiento cristiano.
- Necesitan cantar, actuar y repetir versículos bíblicos.
- Necesitan escuchar historias bíblicas sencillas.
- Pueden hablar con Dios fácilmente si se les alienta a hacerlo.
- Comienzan a hacer preguntas acerca de Dios.
- Pueden compartir con otras personas.

Dios llama a Samuel

Entra a la ZONA

Versículo bíblico
Habla, que tu siervo escucha.

1 Samuel 3:9

Historia bíblica
1 Samuel 3; 7:3-4

Esta unidad, "En la casa de Dios", comienza con la historia de Samuel. Y la historia de Samuel comienza con una visita a la casa de Dios. La madre de Samuel, Ana, que no tenía hijos, oró, "Señor todopoderoso…[si] me concedes un hijo, yo lo dedicaré toda su vida a tu servicio" (1 Samuel 1:11). Dios bendijo a Ana con un hijo, a quien le puso por nombre Samuel. Para cumplir su promesa Ana trajo a Samuel a Elí, el sumo sacerdote, para que le criara. Desde temprana edad Samuel aprendió sobre la vida religiosa. Aprendió sobre: el papel de los sacerdotes, la ley, los sacrificios, y sobre las diferentes tradiciones de adoración.

La Biblia nos relata que en esos días Dios no hablaba directamente a la gente ni se aparecía en sueños con frecuencia. Si embargo, una noche mientras Samuel dormía, Dios llamó a Samuel por su nombre. "¡Aquí estoy!", contestó Samuel, pensando que Elí le llamaba. Dos veces más Dios llamó a Samuel por su nombre, y vez tras vez Samuel fue ante Elí. La tercera vez, Elí se dio cuenta que Dios estaba llamando a Samuel. Elí le dio instrucciones a Samuel para que contestara diciendo, "Habla, que tu siervo escucha". Samuel siguió el consejo de Elí y escuchó las instrucciones de Dios. Desde ese momento, Samuel sirvió a Dios como profeta.

Esta lección enseña a sus estudiantes que la iglesia nos ayuda a conocer qué es lo que Dios quiere que hagamos. La mayoría de sus estudiantes disfrutan el ir a la iglesia, y nosotros como maestros y maestras trabajamos arduamente para asegurarnos que este sentimiento continúe. Sin embargo, más allá de la diversión en la escuela dominical y otras actividades, los niños y las niñas deben aprender acerca de Dios y cómo Dios quiere que vivamos y nos comportemos. La lección de hoy refuerza este importante concepto.

¡Sus estudiantes por naturaleza aprenden con facilidad! Mientras enseña, se sorprenderá con que rapidez aprenden los conceptos que se discuten y lo dispuestos y dispuestas que están para dar sus opiniones y ofrecer sus puntos de vistas. ¡Los maestros y las maestras de la niñez, por naturaleza, también aprenden con facilidad! Los maestros y maestras de mucha experiencia le comentarán que muchas de las lecciones que han aprendido durante su vida las han aprendido de sus estudiantes. Esté atento a la sabiduría de los niños y las niñas a los que enseña. Dios le ha llamado a usted y a sus estudiantes a la casa de Dios. ¡Escuchen todos!

Nuestra iglesia nos ayuda a saber qué es lo que Dios quiere que hagamos.

Vistazo a la ZONA

ZONA	TIEMPO	MATERIALES	ACCESORIOS DE ZONA
Acércate a la ZONA			
Llegada	10 minutos	Transparencia 1, tablero para carteles, papel de estraza, papel de lija, crayón, lápiz, regla, tijeras, pegamento, proyector de transparencias	ninguno
Saca tu energía	5 minutos	ninguno	maracas de plástico suave
Zona Bíblica			
¡Escucha!	5 minutos	objetos ruidosos, caja o bolsa de supermercado	maracas de plástico suave
Cofre sagrado	5 minutos	Reproducible 1A, crayones	ninguno
Dios llama a Samuel	5 minutos	platos de papel, crayones, engrapadora	ninguno
Escucha y agita	10 minutos	Biblia	maracas de plástico suave, pompones metálicos
Rollos de la Escritura	5 minutos	Reproducible 1B, crayones	ninguno
Bocadillo de media noche	10 minutos	galletas, leche, tazas, servilletas	ninguno
Zona de Vida			
Canta y celebra	5 minutos	tocadiscos de discos compactos	disco compacto
Adivina murmurando	5 minuto	ninguno	ninguno
Collares con iniciales	5 minutos	tarjetas bibliográficas, papel de construcción, hilo, pegamento, tijeras zigzag	letras del abecedario plásticas
Despedida	5 minutos	Transparencia 2; tablero para carteles, papel para fotocopias, proyector de transparencias	ninguno

* Los Accesorios de Zona® se encuentran en el **Paquete de DIVERinspiración®**.

PRIMARIOS MENORES: LECCIÓN 1

Acércate a la

Escoja una o más actividades para capturar la atención de sus estudiantes.

Materiales:
Transparencia 1
tablero para carteles, papel de estraza o papel de fotocopia
crayón
lápiz
regla
tijeras
papel de lija
pegamento
proyector de transparencias

Accesorios de Zona®:
ninguno

Llegada

La actividad de llegada para las cinco lecciones de esta unidad usa el dibujo de una iglesia (**Transparencia 1**). Sus estudiantes le añadirán diferentes decoraciones cada semana. Para trabajar en grupo, use el proyector de transparencias para agrandar y delinear la Transparencia 1 en el tablero para carteles. Para trabajar individualmente, use la transparencia para hacer una fotocopia de la iglesia para cada estudiante. Recójalas después de esta actividad cada semana.

Hoy sus estudiantes añadirán ladrillos de papel de lija a cada lado de la iglesia. Para el dibujo grande, tenga recortados ladrillos de una pulgada de ancho por tres pulgadas de largo. Para los dibujos individuales, tenga recortados ladrillos de media pulgada de ancho por una pulgada de largo.

En cada lección de esta unidad salude a sus estudiantes con una frase relacionada con un versículo bíblico. Hoy diga el nombre del niño o de la niña, después "espero escuchar tu voz hoy". Dígales qué lecciones futuras estarán enfocadas en la casa de Dios, la iglesia. Indíqueles que por turnos añadan ladrillos al dibujo grande, o si es el otro caso, que añadan ladrillos a las iglesias individuales que ya les ha entregado.

Diga: Hoy le pusimos paredes a la iglesia. Las paredes son importantes para la iglesia. La iglesia es importante para nosotros porque allí aprendemos cómo Dios quiere que vivamos y nos comportemos. Venir a la iglesia nos ayuda a conocer qué es lo que Dios quiere que hagamos.

Materiales:
ninguno

Accesorios de Zona®:
maraca de plástico

Saca tu energía

Pida a sus estudiantes que formen un círculo de pie.

Pregunte: ¿Alguna vez alguien les han pedido que se pongan de pie y saquen su energía? (*Demuéstreles moviéndose de una manera graciosa, meneando los brazos y piernas. Pídales que le imiten. Entrégueles la maraca para que unos la agiten mientras los demás cuentan hasta cinco. Entonces diga algo que a él o a ella le guste hacer. Deje que cada estudiante tome su turno siguiendo el círculo*).

Diga: En la iglesia aprendemos cómo Dios quiere que vivamos y nos comportemos. ¿Cómo quiere Dios que nos comportemos? (*Orando; viniendo a la escuela dominical; alabando*) **¿Cómo quiere Dios que ayudemos a otras personas?** (*Trayendo comida para donación; platicando con un estudiante nuevo*) **¿Cómo quiere Dios que nos tratemos a nosotros mismos?** (*Observando reglas de seguridad; jugando; disfrutando actividades sanas*).

Pase la maraca de nuevo por el círculo. Permita que cada estudiante la agite mientras el resto de sus estudiantes cuentan hasta cinco. Permita que cada estudiante diga algo que él o ella cree que Dios quiera que haga.
Diga: Acabamos de mencionar y hablar de cosas que Dios quiere que hagamos. Venir a la iglesia nos ayuda a conocer cuáles son esas cosas.

Escoja una o más actividades para sumergir a sus estudiantes en la historia bíblica.

¡Escucha!

Durante las siguientes cinco lecciones se presentará la historia bíblica desde el punto de vista de uno de los cinco sentidos. Puesto que la lección de esta semana se enfoca en Samuel escuchando a Dios, en la siguiente actividad se les pedirá a sus estudiantes que usen su sentido auditivo. Reúna de seis a ocho objetos que tengan sonidos distintivos, como un cascabel, una sonaja, un juguete electrónico, una muñeca o un animal que llore o haga sonidos, llaves, y papel para aplastar. Ponga los objetos y una maraca de plástico suave en una caja o bolsa. No permita que sus estudiantes vean los objetos.

Pregunte: ¿Pueden mencionar los cinco sentidos? (*visión-vista, auditivo-oído, olfativo-olfato, táctil-tacto y gustativo-gusto*) **Dios nos dio cinco sentidos. Usamos nuestros sentidos en la escuela, en casa y para jugar; y usamos nuestros sentidos cuando venimos a la iglesia. Usar nuestros sentidos nos puede ayudar a entender qué es lo que Dios quiere que hagamos. Hoy vamos a usar nuestro sentido auditivo para jugar un juego llamado ¡escucha! Haré un sonido y, por turnos, tratarán de adivinar qué objeto es el que hace ese sonido.**

Meta la mano en la caja o bolsa y haga sonar cada objeto. También puede aplaudir y tronar los dedos. Deje que cada estudiante tome un turno para que adivine el sonido de cada objeto.

Diga: Cada semana en esta unidad tendremos una Palabra del Día. La Palabra de hoy es *escuchar*. **En la historia bíblica de hoy hay un niño llamado Samuel. En la historia Samuel escuchó a alguien muy importante.**

Materiales:
objetos ruidosos
caja o bolsa de plástico

Accesorios de Zona®:
maraca de plástico

Cofre sagrado

Antes de la clase, haga una fotocopia por estudiante del cofre sagrado (**Reproducible 1A**) y entréguelas a cada estudiante.

Diga: En esta unidad aprenderemos cómo la gente adoraba en los tiempos del Antiguo Testamento. Cada semana nos enfocaremos en uno de los objetos usados en la adoración.

Diga: Cuando sigan los puntos, encontrarán el cofre sagrado. El cofre sagrado también es conocido como el Arca del Pacto; era una caja o cofre. Según la tradición bíblica, el cofre guardaba los Diez Mandamientos. (*Dígales que conecten los puntos para formar el cofre, y después que lo coloreen*). **En la historia de hoy, un niño llamado Samuel era educado por Elí, el sumo sacerdote, en las formas de adoración y la vida religiosa. Uno de los deberes de Samuel era el de cuidar el cofre sagrado. Una noche cuando él dormía cerca del cofre sagrado escuchó una voz que lo llamaba.**

Materiales:
Reproducible 1A
crayones
marcadores de felpa

Accesorios de Zona®:
ninguno

PRIMARIOS MENORES: LECCIÓN 1

Historia de la Zona Bíblica

Dios llama a Samuel

De antemano, prepare una marioneta representando a "Samuel despierto" y otra representando a "Samuel dormido".

Muestre a sus estudiantes la marioneta. Ayúdeles a preparar sus propias marionetas para que cuando escuchen la historia las usen en el momento apropiado de la misma.

Para hacer las marionetas, permítales que dibujen, en un plato de papel, la cara de Samuel despierto (ojos abiertos, con las pestañas apuntando hacia arriba). En otro plato de papel, podrán dibujar la cara de Samuel dormido (ojos cerrados, con las pestañas apuntando hacia abajo).

Pida a sus estudiantes que junten sus platos, con las caras mirando hacia afuera. Engrape los platos dejando un espacio en la parte inferior lo suficientemente grande para meter la mano. Dígales que cuando escuchen, durante el relato de la historia, las palabras "Samuel despierta" deberán levantar a "Samuel despierto". Cuando escuchen que "Samuel dormía", que levanten a "Samuel dormido". Practíquenlo varias veces.

Pregunte: ¿Alguna vez han pasado la noche en la iglesia?

Dígales a sus estudiantes que la historia de hoy es acerca de un niño de su edad llamado Samuel. Samuel no solamente pasaba la noche en la casa de Dios, ¡él vivía allí!

Pregunte: ¿Alguna vez han escuchado a alguien llamarles por sus nombres mientras dormían? La historia de hoy es acerca de lo que le pasó a Samuel una noche cuando alguien lo llamó por nombre mientras dormía.

Pídales a los niños y a las niñas que se pongan sus marionetas. Comience la historia.

Un niño llamado Samuel vivía en la casa de Dios. Todos los días Samuel se despertaba e iba a ayudar a Elí, el sumo sacerdote.

Elí estaba casi ciego y necesitaba mucho la ayuda de Samuel y él le ayudaba en muchas formas. Samuel era un buen chico. Hacía todo lo que podía para ayudar a Elí y servir a Dios.

Una noche Elí estaba durmiendo en su cuarto, y **Samuel dormía** cerca del cofre sagrado. Mientras dormían, Dios llamó a Samuel por nombre.

Samuel se despertó.

"Aquí estoy", dijo Samuel.

ZONA BÍBLICA

Samuel pensó que Elí lo había llamado, así que se dirigió al cuarto de Elí.

"¿Para qué me quería?" Samuel preguntó.

"Yo no te llamé", le dijo Elí a Samuel. "Regresa a dormir".

Samuel se volvió a acostar, y al poco rato **Samuel se quedó dormido**. Otra vez, el Señor llamó a Samuel por nombre. De nuevo **Samuel se despertó** y fue al cuarto de Elí.

"Aquí estoy", dijo Samuel. "¿Para qué me quería?

"Hijo", Elí respondió, "yo no te llamé. Regresa a dormir".

En poco tiempo, **Samuel dormía** nuevamente. Samuel vivía en la casa de Dios, pero en esos días Dios raramente hablaba a la gente directamente. Dios no le había hablado antes a Samuel, y fue por eso que Samuel no había reconocido la voz de Dios.

Cuando Dios llamó por nombre a Samuel por tercera vez, **Samuel se despertó** y fue hasta donde se encontraba Elí.

"Aquí estoy", dijo Samuel de nuevo. Elí entendió por fin que el Señor le estaba hablando a Samuel. Entonces le dijo a Samuel lo que debía hacer.

"Ve y acuéstate", Elí le dijo a Samuel. "Si escuchas que alguien te habla de nuevo, contesta, 'Te escucho, Señor. ¿Qué quieres que haga?'".

Samuel regresó y se acostó. En poco tiempo **Samuel dormía de nuevo**.

"Samuel, Samuel", llamó el Señor.

Samuel se despertó.

"Te escucho, Señor" contestó Samuel. "¿Qué quieres que haga?"

El Señor le dijo a Samuel que le dijera a Elí que sus hijos no estaban respetando a Dios, y Dios estaba triste porque Elí los dejaba actuar de esa manera.

En la mañana **Samuel se despertó** y abrió las puertas de la casa de Dios. Tenía miedo de decirle a Elí lo que el Señor le había dicho. Pero Elí llamó a Samuel e insistió en que Samuel le contara todo lo que Dios había dicho. Samuel le contó.

"Él es el Señor, y hará lo que es correcto", dijo Elí.

Y desde esa noche cuando **Samuel dormía y Samuel se despertaba**, Samuel servía a Dios diciéndole a la gente lo que Dios quería que hicieran y cómo Dios quería que se comportaran y le adoraran.

Escoja una o más actividades para sumergir a sus estudiantes en la historia bíblica.

Materiales:
Biblia

Accesorios de Zona®:
maracas de plástico suave
pompones metálicos

Escucha y agita

Levante su Biblia.

Diga: El versículo bíblico de hoy es "Habla, que tu siervo escucha" (1 Samuel 3:9). Eso es lo que Elí le dijo a Samuel que le contestara a Dios cuando escuchara a Dios llamarle por su nombre. (*Entregue a cada estudiante una* **maraca de plástico suave** *o un* **pompón metálico**. *Si no hay suficientes, invíteles a compartir lo que tengan*). **¿Cuál es la Palabra del Día?** *(escucha)* **Vamos a repetir el versículo bíblico. Cuando lleguemos a la palabra** *escucha*, **agiten sus maracas o pompones y escuchen los sonidos. Después repetiremos varias veces el versículo.** (*Repitan el versículo varias veces, pausando cuando mencionen la palabra* **escucha** *mientras los niños y las niñas agitan sus Accesorios de Zona*). **Es importante escuchar cuando venimos a la iglesia. Escuchar, como lo hizo Samuel, nos ayuda a conocer lo que Dios quiere que hagamos.**

Materiales:
Reproducible 1B
marcadores de felpa o crayones

Accesorios de Zona®:
ninguno

Rollos de la Escritura

Antes de la clase, fotocopie el primer segmento del rollo de la Escritura (Reproducible 1B), una por estudiante.

Diga: En la época bíblica, la Biblia se escribía en un pergamino. El pergamino era una hoja larga que se enrollaba para facilitar la lectura y almacenaje. Durante esta unidad ustedes harán un rollo de la Escritura con nuestros versículos bíblicos. (*Entrégueles una copia del rollo, una por estudiante y explique que el niño en el dibujo es Samuel, el que escuchó el llamado de Dios. Recuérdeles que* **escuchar** *es la Palabra del Día. Permita que decoren el dibujo y pídales que escriban sus nombres en la parte de atrás de la hoja*).

Diga: Ahora está decorado el primer versículo bíblico de su rollo de la Escritura. En los tiempos bíblicos, la Escritura se leía de rollos. En nuestra iglesia leemos la Escritura de un libro que llamamos la Biblia. Cuando venimos a la iglesia y escuchamos la lectura de la Biblia, aprendemos acerca de Dios y lo que Dios quiere que hagamos.

Materiales:
galletas
leche
vasos
servilletas

Accesorios de Zona®:
ninguno

Refrigerio en la noche

Diga: Un vaso de leche y una galleta es un refrigerio que comemos antes de irnos a dormir. Esto es lo que comeremos, en honor a Samuel, quien se levantó en medio de la noche y escuchó la voz de Dios.

Sirva el refrigerio. Mientras sus estudiantes disfrutan la leche y las galletas, pregúnteles, "Si pudieran tener cualquier comida en el mundo como refrigerio en la noche, ¿qué comerían?"

 de Vida

Escoja una o más actividades para que la Biblia cobre significado en la vida.

Canta y celebra

Enseñe a sus estudiantes el cántico "Aplaudir, pueblos todos" (**cántico 5 del disco compacto**).

Luego, permítales cantar y aplaudir cuando digan "Aplaudir, pueblos todos sus manos". Canten otra vez, aplaudiendo en "aplaudir, pueblos todos" y gritando la palabra *aclamen*, cuando la escuchen.

Canten el cántico una vez más, repitiendo los movimientos. Pero esta vez, cuando la letra diga "Hosanna" o "Aclamen a Dios", los niños y niñas agitarán sus brazos en el aire de un lado a otro.

Aplaudir, pueblos todos

Aplaudir, pueblos todos,
aclamen a Dios con voz de triunfo.
Aplaudir, pueblos todos,
aclamen a Dios con voz de amor.

Hosanna, hosanna,
aclamen a Dios con voz de triunfo.
Alaben, alaben,
aclamen a Dios con voz de amor.

Alaben, alaben,
aclamen a Dios con voz de amor.

LETRA: Salmo 47:1, adaptado; trad. por Diana Beach.
MÚSICA: Jim Owens; arr. por David Peacock.
© 1972 Bud John Songs; trad. © 2007 Bud John Songs (admin. por The Sparrow Company). Todos los derechos reservados. Usado con permiso.

Materiales:
tocadiscos de discos compactos

Accesorios de Zona®:
disco compacto

 **Nuestra iglesia nos ayuda a saber qué es lo que Dios quiere que hagamos.**

 de Vida

Escoja una o más actividades para que la Biblia cobre significado en la vida.

Materiales:
ninguno

Accesorios de Zona®:
ninguno

Adivina el susurro

Diga: Vamos a jugar un juego que se llama "Adivina el susurro". Voy a susurrar en sus oídos algunas de las cosas que Dios quiere que hagamos. Muchas de ellas las aprendemos en la iglesia. Cada persona actuará la acción sin hablar. El resto de ustedes tratará de adivinarla. *(Susurre al oído de su estudiante la acción a adivinar. Recuérdeles que deben actuar la acción sin hacer ningún sonido. Algunas sugerencias son: cantando, orando, escuchando, leyendo, coloreando, pintando, meciendo a un bebé, saludando, abrazando, hablando, abriendo y sirviendo como acólitos).*

Materiales:
tarjetas bibliográficas
hilo de tejer
pegamento
perforador de papel
opcional: papel de construcción, tijeras zigzag

Accesorios de Zona®:
letras del abecedario de plástico

Collares con iniciales

Diga: En la historia de hoy Dios llamó a Samuel por nombre. Dios también sabe sus nombres. En honor a su nombre, vamos a hacer collares con sus iniciales *Permita a sus estudiantes que busquen las* **letras de los abecedarios de plástico** *con las que comienzan sus nombres y apellidos. Pegue las iniciales a las tarjetas bibliográficas. O prepare recortes de papel de construcción con las tijeras zigzag y úselas en lugar de la tarjeta. Ayúdeles a perforar un extremo de la tarjeta y a pasar un pedazo de hilo de tejer por el hueco. Amarre los extremos del hilo, manteniendo el collar lo suficientemente largo como para que pase por la cabeza y lo puedan usar en sus cuellos. Pídales que se pongan sus collares).* **Es divertido ver sus iniciales, porque representan sus nombres. Dios les ha llamado a todos ustedes a la iglesia, donde aprenden acerca de Dios y lo que Dios quiere que hagan.**

Materiales:
Transparencia 2
tablero para carteles, papel de estraza o papel para fotocopia
crayones
proyector de transparencias

Accesorios de Zona®:
ninguno

Despedida

Prepare con anticipación el rompecabezas Busca Iglesia (Transparencia 2).

Diga: Durante esta unidad de Zona Bíblica, vamos a buscar la Palabra del Día en el Busca Iglesia. ¿Cuál es la Palabra del Día de hoy? *(escucha)*

PIda a sus estudiantes que busquen la palabra en el rompecabezas. (Puede escribir o deletrear la palabra para los niños y las niñas que apenas comienzan a leer). Pídales que encierren la palabra en un círculo. (La palabra puede encontrarse varias veces). Pídales que formen un círculo y que cierren sus ojos para orar:

Ore: Amado Dios, escuchar en la iglesia nos ayuda a entender que es lo que quieres que hagamos. Tú nos has llamado, y aquí estamos. Gracias por llamar a *(nombre a cada niño y niña).* **¡Estamos contentos de que nos hayas llamado a tu iglesia! Amén.**

Haga una copia de Zona Casera® para cada estudiante en su clase.

 # Casera para padres

Versículo bíblico
Habla, que tu siervo escucha.
1 Samuel 3:9

Historia bíblica
1 Samuel 3; 7:3-4

Hoy su hijo o su hija escuchó cómo el niño Samuel fue llamado por Dios. Samuel respondió diciendo, "Habla, que tu siervo escucha".

Su hijo o su hija aprendió que la iglesia nos ayuda a conocer lo que Dios quiere que hagamos. Refuerce este concepto hablando con él o ella acerca de lo que usted ha aprendido en la iglesia. ¿Cómo la iglesia le ha ayudado a entender cómo Dios quiere que viva y se comporte? Mientras habla con su hijo o hija, ayúdele a darse cuenta de cómo los valores de su familia son consistentes con las creencias que usted confiesa como persona cristiana que asiste a una iglesia.

Preguntas, preguntas

Aquí hay algunas preguntas divertidas que tienen que ver con la lección de la Zona Bíblica de hoy:

- ¿Te gusta tu nombre? ¿Sabes cómo se escogió tu nombre? Si pudieras escoger un nombre nuevo, ¿cuál sería?

- La Palabra del Día fue *escucha*. ¿Qué es lo que escuchas ahora mismo? ¿Qué escuchas en medio de la noche? ¿Qué sonidos escuchas muy temprano en la mañana?

- ¿Qué es lo que más te gusta de la iglesia? ¿Puedes pensar en algo que has aprendido esta semana en la iglesia?

- Una de las cosas que Dios quiere que hagamos es ayudar a otras personas. ¿Qué puede hacer tu familia para juntos ayudar a alguien?

Iniciales de crema batida

Dios llamó a Samuel por nombre, y Dios nos llama también por nuestro nombre. Celebra los nombres de los miembros de tu familia con este divertido postre. Cubre un plato con galletas "graham", barquillos de vainilla u otras galletas. Cada uno escribirá sus iniciales sobre las galletas utilizando crema batida en aerosol. Prepare cochitos, azúcar de colores, cerezas en almíbar y/u otros ingredientes festivos. Decore las iniciales y ¡devórenlas!

Nuestra iglesia nos ayuda a saber qué es lo que Dios quiere que hagamos.

Permiso de fotocopiado otorgado para uso de la iglesia local. © 2007 Abingdon Press.

Arca del Pacto

Reproducible 1A

Permiso de fotocopiado otorgado para uso de la iglesia local. © 2007 Abingdon Press.

Zona Bíblica

Rollo de la Escritura

Una casa para Dios

Entra a la ZONA

Versículo bíblico
¡Qué alegría cuando me dicen: "Vamos al templo del Señor"!

Salmo 122:1

Historia bíblica
1 Reyes 5:1-12; 6:1-22; 8:1-4, 12-26, 54-61

Salomón, el segundo hijo de David y Betsabé, era conocido por todo Israel y sus alrededores por su sabiduría e inteligencia. Como el tercer rey de Israel, Salomón dirigió la construcción del magnífico Templo en Jerusalén. Se comenzó durante el cuarto año de su reinado, cerca del año 960 antes de Cristo. La historia bíblica de hoy nos relata la construcción de esta increíble casa de Dios. Tristemente, hoy día no podemos ver los rastros de todo este edificio, pero la historia bíblica, así como las excavaciones arqueológicas realizadas en el lugar donde se encontraba el Templo, han hecho posible que algunos artistas hayan podido hacer esquemas del mismo. La mayoría de los diccionarios bíblicos contienen una ilustración del Templo, que usted puede mostrarles.

El interior del Templo debe haber sido digno de ser contemplado con admiración: puertas de madera decoradas con una serie de figuras talladas, criaturas aladas, palmeras, flores cubiertas de oro; bases de bronce con paneles decorados con figuras de leones, toros y criaturas haladas; una vasija de agua tan grande que se llamaba el "mar"; columnas; puertas; altares; estatuas; y un lugar especial llamado el "Lugar Santísimo" para colocar el cofre del pacto.

¡Si tan solo pudiéramos transportar a nuestros estudiantes tiempo atrás para que pudieran ver este magnífico templo! Como no podemos, la lección de hoy comprende una visita imaginaria guiada para ayudarles a apreciar el Templo. Ayude a sus estudiantes a ir más allá de la grandeza del Templo, para que puedan comprender los motivos de su construcción. La construcción del Templo representaba el pacto entre Dios y su pueblo, relación que continuamos hoy día en nuestras iglesias.

A la mayoría de los niños y las niñas les gusta su iglesia. Use la lección de hoy para ayudarles a reconocer los elementos que hacen que su iglesia sea única y cautivadora. Como maestros y maestras, nuestro trabajo es lograr que nuestros estudiantes estén contentos de ser niños y niñas de fe y ayudarles a sentir el gozo y el privilegio de adorar en la casa de Dios. Considere llevar a sus estudiantes en una visita guiada a su santuario; o invitar a la clase a sentarse juntos un domingo durante el culto de adoración; o planificar para que sirvan como ujieres.

Ayúdeles a sentirse muy contentos de que sus familias y maestros y maestras les hayan dicho, "¡Vamos a la casa del Señor!"

Nuestra iglesia es un lugar especial donde podemos adorar a Dios.

Vistazo a la ZONA

ZONA	TIEMPO	MATERIALES	ACCESORIOS DE ZONA
Acércate a la ZONA			
Llegada	10 minutes	Transparencia 1, crayones, pegamento	corazoncitos de cristal de colores
Agita de gusto	5 minutos	ninguno	pompones metálicos, maracas de plástico suaves
Zona Bíblica			
Asómate a las bolsas	5 minutos	objetos relacionados con la adoración en la iglesia, bolsas de papel	ninguno
Puertas elegantes	5 minutos	Reproducible 2A, crayones	ninguno
Visita guiada al Templo	10 minutos	lámina del Templo	ninguno
Burbujas de alegría	5 minutos	Biblia	botellas de burbujas con carita feliz
Rollo de la Escritura	5 minutos	Reproducible 2B, crayones, cinta adhesiva, rollos empezados en la Lección 1	ninguno
Galletas con caritas felices	5 minutos	galletas redondas, tubo de escarcha para pasteles, servilletas	ninguno
Zona de Vida			
Canta y celebra	5 minutos	tocadiscos de discos compactos	disco compacto
Cartel "ven y adora"	5 minutos	tablero para carteles o pedazo grande de papel de estraza, crayón, papel colorido, pegamento	ninguno
Aquí está la iglesia	5 minutos	Transparencias 2, marcadores de felpa o crayones	ninguno
Despedida	5 minutos	ninguno	ninguno

* Los Accesorios de Zona se encuentran en el **Paquete de DIVERinspiración**.

PRIMARIOS MENORES: LECCIÓN 2

Acércate a la

Escoja una o más actividades para capturar la atención de sus estudiantes.

Materiales:
Transparencia 1
crayones
pegamento

Accesorios de Zona®:
corazoncitos de cristal de colores

Llegada

Sus estudiantes continuarán trabajando en el proyecto que comenzaron en la última clase: Construye esa Iglesia (**Transparencia 1**). Hoy decorarán las ventanas y las puertas de la iglesia. Según sus estudiantes lleguen, salúdeles mencionando primeramente su nombre y luego diga: "Me da gusto darte la bienvenida a la casa del Señor".

Explique que hoy van a colorear las puertas y ventanas de la iglesia. Sugiera el diseño de un vitral de colores para las ventanas y pídales que pegue dos piezas de corazoncitos de cristal de colores en el diseño de las ventanas. Cuando las ventanas y puertas estén decoradas, admire el trabajo.

Diga: Esta iglesia está tomando forma. Se nota que será un lugar muy especial para adorar a Dios. Nuestra iglesia también es un lugar especial para adorar a Dios. Hoy, nuestra Palabra del Día es *adoración*.

Pida a sus estudiantes que cierren sus ojos y que visualicen el santuario de su iglesia. Quizá deba guiarles en la visualización. Pídales que mencionen algunas de las partes de la iglesia: el altar, un estandarte, el baptisterio, el balcón, la cruz. Emplee uno o dos minutos hablando del santuario de su iglesia.

Diga: Cada iglesia es diferente. Nuestra iglesia tiene características que la hacen diferente de otras iglesias, y eso nos hace sentir a gusto y alegres cuando venimos a adorar.

Materiales:
ninguno

Accesorios de Zona®:
pompones metálicos
maracas de plástico suave

Agita de gusto

Entrégueles un pompón metálico o una maraca de plástico. Si no tiene suficientes para todos, algunos deberán compartir.

Diga: Dios nos ha dado muchas cosas por las que debemos estar contentos. Voy a mencionar algunas. Si esa cosa le da alegría, agiten sus pompones o sus maracas. No sientan que deben agitar con todo, sólo cuando oigan algo que realmente les gusta.

Aquí hay algunas cosas que puede mencionar: espinaca, ranas, dulces, tarea, cumpleaños, mariposas, pinturas, caballos, gatitos, bibliotecas, lodo, pizza, alubias o judías, sopa de jitomate o tomate. Si el tiempo lo permite, deje que los niños y las niñas se turnen mencionando algunas cosas.

Diga: Le damos gracias a Dios por tantas cosas en el mundo que nos dan alegría. Estamos especialmente contentos por nuestra iglesia, un lugar especial donde podemos reunirnos y adorar a Dios. Vamos a agitar los pompones y las maracas por unos momentos, en honor a nuestra iglesia.

Escoja una o más actividades para sumergir a sus estudiantes en la historia bíblica.

Asómate a las bolsas

Antes de la clase, localice objetos relacionados con la adoración: un himnario, una Biblia, un sobre para ofrenda, un boletín, una estola u otra tela usada en la adoración, las notas de su pastor o una fotocopia del sermón, una pieza de música del coro, una libreta de registro, y/o una copa de la Comunión. Coloque cada objeto en una bolsa por separado. Doble el extremo superior de las bolsas hasta que comience la actividad. Alinee las bolsas.

Diga: Cuando venimos a la iglesia, usamos nuestro sentido de la vista. En estas bolsas hay algunos objetos que vemos durante el servicio de adoración. Asómense a cada una para ver lo que hay adentro. Pero no le digan a nadie lo que ven.

Cuando todos hayan tenido su turno, haga preguntas para ver si recuerdan lo que hay en cada bolsa. Entonces saque el objeto y diga una palabra o dos acerca del mismo, explicando el rol que juega en el servicio de adoración de la iglesia.

Diga: Usamos estos objetos cuando adoramos en la casa de Dios, nuestra iglesia. La historia bíblica de hoy trata acerca de la construcción de una casa de adoración muy elegante, el Templo en Jerusalén, construido por el rey Salomón. Había muchas cosas interesantes y hermosas que ver en ese Templo.

Materiales:
objetos relacionados con la adoración en la iglesia
bolsas de papel

Accesorios de Zona®:
ninguno

Puertas elegantes

Fotocopie con anticipación las puertas del Templo (**Reproducible 2A**) para cada niño y cada niña.

Entregueles las copias de las puertas del Templo para que las coloreen.

Diga: Hoy van a decorar las puertas de la iglesia que estamos creando en nuestro proyecto Construye esa Iglesia. Nuestra historia bíblica describe las puertas interiores del Templo del rey Salomón. ¡Eran muy elegantes!

Admire las puertas cuando sus estudiantes hayan terminado.

Diga: El rey Salomón construyó un lugar muy especial y muy elegante para que la gente adorara a Dios. Estas son las puertas de uno de los salones del Templo. Estaban decoradas con talladuras de palmeras, flores y criaturas haladas. Las puertas no eran de colores como las de ustedes, porque después de ser talladas en madera de olivo, fueron cubiertas con oro.

Materiales:
Reproducible 2A
crayones o marcadores de felpa

Accesorios de Zona®:
ninguno

PRIMARIOS MENORES: LECCIÓN 2

Historia de la  Bíblica

Visita guiada al Templo

por Bárbara Younger

Antes de la clase, busque un diccionario bíblico u otro recurso que contenga un dibujo del Templo.

Enseñe el dibujo del Templo a sus estudiantes.

Pregunte: ¿Alguno de ustedes ha tenido una visita guiada de un edificio? ¡Las visitas guiadas son interesantes! Nos ayudan a aprender acerca del edificio y de lo que es importante acerca del mismo. Muchas veces, la gente en estas visitas puede tener acceso a partes del edificio que de otra manera no podrían. Hoy vamos a ir en una visita imaginaria por el Templo que el rey Salomón construyó en Jerusalén. ¡Yo soy su guía! Cuando yo diga, "Caminen con cuidado, por favor", durante la visita, deberán responder diciendo, "¡Oh, qué bonito Templo!"

Practique esta lectura un par de veces y después comience la visita guiada.

Maestro o maestra:
Bienvenidos a nuestro recién construido Templo de Jerusalén. Como estamos en una temporada de paz, nuestro sabio rey Salomón decidió hacer realidad los sueños de su padre David de construir un templo magnífico para Dios. Aquí estamos, observando la parte exterior del Templo.

Caminen con cuidado durante la vista de hoy, por favor.

Respuesta:
¡Oh, qué bonito Templo!

Maestro o maestra:
Decenas de miles de trabajadores cortaron árboles de cedro y pino para usarse en el Templo. Y decenas de miles de trabajadores prepararon la madera y tallaron la piedra que se usó. Noten los edificios de almacenaje en la parte exterior del Templo. La parte interior del Templo mide noventa pies de largo, treinta pies de ancho y cuarenta y cinco pies de alto.

Caminen con cuidado al entrar al Templo, por favor.

Respuesta:
¡Oh, qué bonito Templo!

Maestro o maestra:
El Templo tiene tres secciones. Admiren las paredes en este salón. Están decoradas con flores y calabacines, todo recubierto en oro. Noten que el piso también estaba recubierto en oro.

La mayoría del trabajo en bronce fue realizado por un artesano muy talentoso llamado Hiram.

Por favor, caminen con cuidado por el piso de oro.

Respuesta:
¡Oh, qué bonito Templo!

Maestro o maestra:
Ahora vamos a ir al salón del fondo del Templo. Este es el lugar llamado el Lugar Santísimo. Fíjense que las puertas están hechas en madera de olivo y están decoradas con talladuras de palmeras, flores y criaturas aladas. Estas talladuras también están recubiertas de oro.

Caminen con cuidado mientras observan las figuras talladas, por favor.

Respuesta:
¡Oh, qué bonito Templo!

Maestro o maestra:
En el Lugar Santísimo hay dos seres alados hechos de madera de olivo recubiertos en oro. Cada uno mide quince pies de alto y quince pies de ancho. ¡Miren qué grandes son! Sus alas cruzan todo el cuarto.

Caminen con cuidado mientras las admiran, por favor.

Respuesta:
¡Oh, qué bonito Templo!

Maestro o maestra:
Aquí en el Lugar Santísimo guardamos el cofre del pacto. Dentro del cofre se encuentran los Diez Mandamientos. Cuando se terminó de construir el Templo, los sacerdotes trajeron el cofre del pacto y otros objetos de adoración sagrados y el rey Salomón oró a Dios, "Ahora he construido un templo glorioso". Estamos muy orgullosos de este magnífico Templo. Tomó siete años para construirlo, y es nuestro lugar especial de adoración a Dios.

Gracias por venir. Por favor, al salir, caminen con cuidado.

Respuesta:
¡Oh, qué bonito Templo!

Escoja una o más actividades para sumergir a sus estudiantes en la historia bíblica.

Materiales:
Biblia

Accesorios de Zona®:
botellas de burbuja con carita feliz

Burbujas de alegría

Nota: **Las botellas de burbujas** con carita feliz pueden ser difíciles de abrir, por lo que quizás tenga que ayudarles a abrirlas.

Diga: El versículo bíblico de hoy habla acerca de ir a adorar con alegría. (*Levante su Biblia. Diga el versículo, "¡Qué alegría cuando me dicen: 'Vamos al templo del Señor'!" y pida a sus estudiantes que lo repitan*). **¿Por qué nos alegramos de ir a la casa del Señor?** (*porque nos sentimos cerca de Dios y unos con otros; porque aprendemos acerca de Dios y nuestra fe; porque experimentamos la adoración cantando himnos, orando, mirando los objetos que usamos en la adoración, escuchando el sermón, oraciones y lecturas de la Biblia*).

Entregue las botellas de burbujas, una por estudiante.

Diga: Imagínate que eres una persona entrando al servicio de adoración. ¿Se te ve feliz? Enséñame tu carita feliz al venir a adorar. A ver si ustedes pueden sonreír tanto como la persona en su botella de burbujas. (*Sus estudiantes simularán que sus botellas de burbujas son una persona y que está repitiendo el versículo. Pídales que sonrían al repetir el versículo*). **¡Las burbujas son divertidas! Vamos a hacer burbujas para mostrar lo alegres que estamos de venir a la iglesia, la casa del Señor.**

Materiales:
Reproducible 2B
crayones
cinta adhesiva
rollos que comenzaron en la Lección 1

Accesorios de Zona®:
ninguno

Rollos de la Escritura

Antes de la clase, saque las fotocopias del **Reproducible 2B**.

Diga: Nuestra Palabra del Día de hoy es *adoración*. Venimos a la iglesia a adorar a Dios, ¡y nos alegra hacerlo! (*Lea el versículo en voz alta señalando cada palabra del versículo. Pídales que decoren la página con crayones o marcadores de felpa. Explique que pueden encontrar el dibujo de una iglesia en la página. Ayúdeles a pegar, con cinta adhesiva, el nuevo segmento del rollo de la Escritura*).

Materiales:
galletas redondas
tubo de escarcha
servilletas
opcional: bebidas y vasos

Accesorios de Zona®:
ninguno

Galletas con caritas

Si su iglesia mantiene la tradición de tener un refrigerio y tiempo de compartir antes o después del servicio de adoración, ocupe unos minutos discutiendo el asunto con sus estudiantes.

Diga: A casi todos nos gusta comer galletas como refrigerio. Hoy van a hacer galletas de caritas felices para celebrar lo felices que están de venir a la iglesia. (*Demuestre cómo crear los ojos y una sonrisa en una galleta. Los niños y las niñas pueden decorar las galletas para algún evento futuro de compartir en su iglesia, ya sea para hoy o para otro día.*

Escoja una o más actividades para que la Biblia cobre significado en la vida.

Canta y celebra

Materiales:
tocadiscos de discos compactos

Accesorios de Zona®:
disco compacto

Enseñe a sus estudiantes el cántico "Aplaudir, pueblos todos" (**cántico 5 del disco compacto**).

Después, permítales cantar y aplaudir cuando la letra dice "aplaudir". Canten la canción otra vez, aplaudiendo en "aplaudir, pueblos todos" y gritando la palabra *aclamen* cuando la escuchen.

Canten una vez más, haciendo los movimientos. Pero esta vez, cuando la letra diga, "Aclamen a Dios", los niños y las niñas agitarán sus brazos en el aire de un lado a otro.

Aplaudir, pueblos todos

Aplaudir, pueblos todos,
aclamen a Dios con voz de triunfo.
Aplaudir, pueblos todos,
aclamen a Dios con voz de amor.

Hosanna, hosanna,
aclamen a Dios con voz de triunfo.
Alaben, alaben,
aclamen a Dios con voz de amor.

Alaben, alaben,
aclamen a Dios con voz de amor.

LETRA: Salmo 47:1, adaptado; trad. por Diana Beach.
MÚSICA: Jim Owens; arr. por David Peacock.
© 1972 Bud John Songs; trad. © 2007 Bud John Songs (admin. por The Sparrow Company). Todos los derechos reservados. Usado con permiso.

 **Nuestra iglesia es un lugar especial donde podemos adorar a Dios.**

 de Vida

Escoja una o más actividades para que la Biblia cobre significado en la vida.

Materiales:
tablero para carteles o pedazo grande de papel de estraza
crayón
papel colorido
pegamento

Accesorios de Zona®:
ninguno

Cartel "ven y adora"

Diga: Estamos contentos de venir a nuestra iglesia a adorar, y queremos que otras personas también se sientan alegres. Como personas cristianas nuestro trabajo es el de dar la bienvenida a los y las visitantes y a la gente que viene por primera vez, así como a nuestros miembros. Hoy vamos a hacer un cartel para ayudar a dar la bienvenida a este lugar a las personas que vienen a adorar. (*Usando letras grandes de molde, escriba "Ven y adora" en el cartel. Demuestre como rasgar el papel colorido en pedazos pequeños y pegarlo dentro de las letras. Cartulina de colores o papel para impresora de colores funciona bien. Para hacer el rasgado más simple, recorte cada hoja en cuatro. Cuando terminen el cartel, cuélguelo. Puede ser hoy o el próximo domingo*).

Materiales:
Transparencia 2
crayones

Accesorios de Zona®:
ninguno

Aquí está la iglesia

Enséñeles la Búsqueda de la iglesia (**Transparencia 2**)

Pregunte: ¿Quién puede recordar cuál es nuestra Palabra del Día? (*adoración*) Estamos alegres de venir a adorar a Dios en nuestra iglesia. (*Permítales encontrar la palabra* adoración *en la Búsqueda de la iglesia. Para ayudar a los que empiezan a escribir, puede escribir o deletrear la palabra. Pídales que circulen la palabra, la cual aparece varias veces*).

Materiales:
ninguno

Accesorios de Zona®:
ninguno

Despedida

Dirija a sus estudiantes en el popular juego de manos "Aquí está la iglesia"

Aquí está la iglesia (*Enlace las manos, con los dedos adentro, pulgares juntos*).
Aquí está la torre (*Señale hacia arriba con los dedos índices*).
Abre las puertas (*Separe los pulgares*).
Y ve a las personas. (*Mueva los dedos de adentro*).

Cierra las puertas (*Vuelva a poner los pulgares juntos*).
Y óyelos orar. (*Lleve las manos a los oídos para escuchar*).
Abre las puertas (*Separe los pulgares*).
Y todos saldrán. (*Mueva los dedos como si caminaran para salir*).

Finalmente, pídales que junten sus manos formando otra vez una iglesia. Pídales que inclinen sus cabezas.

Ore: Dios, nuestra iglesia es un lugar especial donde podemos adorarte. Estamos alegres de venir a la casa del Señor. Gracias por (*nombre de la iglesia*). **Amén.**

Haga una copia de Zona Casera® para cada estudiante en su clase.

Casera para padres

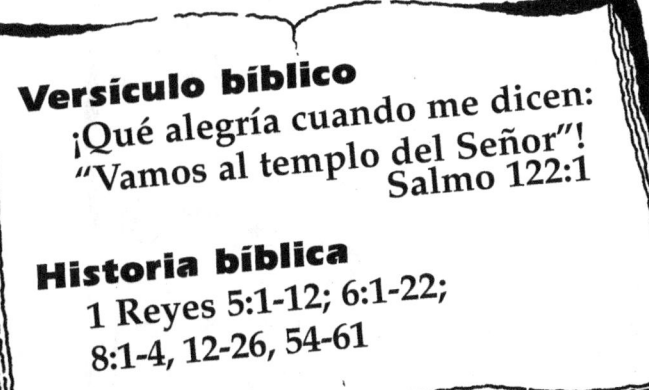

Versículo bíblico
¡Qué alegría cuando me dicen: "Vamos al templo del Señor"!
Salmo 122:1

Historia bíblica
1 Reyes 5:1-12; 6:1-22; 8:1-4, 12-26, 54-61

Hoy su hijo o su hija aprendió acerca del gran Templo en Jerusalén, comenzado alrededor del año 960 a.C. por el rey Salomón. ¡Su templo también es importante! Discuta con su hijo o hija por qué usted adora donde lo hace y que hace de su iglesia un lugar especial. Hable con él o ella acerca del espacio de adoración y las partes del servicio de adoración. Anímele a compartir sus opiniones, incluso las negativas.

Si llegar al servicio de adoración es estresante para su familia, este es un buen momento para llegar a un acuerdo y proponer soluciones sencillas a los problemas. Su objetivo como padre o madre es asegurarse que su hijo esté feliz cuando le diga, "Hora de ir a la iglesia".

Juegue a la iglesia de masa

Use esta receta para hacer masa para jugar:

Mezcle una taza de harina, media taza de sal y dos cucharadas de crémor tártaro. Agregue a la mezcla seca dos cucharadas de aceite vegetal, una taza de agua y varias gotas de colorante vegetal. Caliente a temperatura media, revolviendo por varios minutos hasta que la mezcla forme una bola. Deje que la masa se refresque, y amase.

Dado que la masa puede usarse una y otra vez, los niños y las niñas pueden hacer una iglesia, aplastarla, y ¡crear otra!

Iglesias de la infancia

A los niños y a las niñas les gusta escuchar acerca de la infancia de sus padres. Improvise un programa de entrevistas. Aquí hay algunas preguntas sobre las iglesias de su infancia que pueden usar:

¿Cómo era tu iglesia?
¿Qué es lo que más te gustaba de ella? ¿Qué no te gustaba?
¿Alguna vez te metiste en problemas en tu iglesia? ¿Cómo?
¿Qué actividades de tu iglesia te gustaban más?
¿Alguna vez pasó algo gracioso en tu iglesia? ¿Algo triste?
¿Cuál era tu comida favorita en la iglesia?
¿Qué recuerdas de tu pastor o pastora?
¿Cuáles eran los nombres de tus amigos de la iglesia?
¿A qué adultos admirabas más?
¿Qué cosa extrañas más de la iglesia de tu infancia?

Si todavía asiste a la misma iglesia que asistía cuando era niño o niña, puede de todas formas contestar las preguntas, ayudándole a entender cómo han cambiado algunas cosas y cómo otras siguen iguales.

Nuestra iglesia es un lugar especial donde podemos adorar a Dios.

Permiso de fotocopiado otorgado para uso de la iglesia local. © 2007 Abingdon Press.

Puertas del Templo

Reproducible 2A

Josías

Entra a la ZONA

Versículo bíblico
Dame entendimiento para guardar tu enseñanza; ¡quiero obedecerla de todo corazón!

Salmo 119:34

Historia bíblica
2 Reyes 22:1–23:3, 21-23

David y Salomón gobernaron sobre el Reino Unido de Israel. Cuando Jeroboam, hijo de Salomón, se convirtió en rey en 922 a.C. parte del reino se separó. Lo que quedó, el reino del sur, fue llamado Judá. Este es el lugar donde ocurrió nuestra historia.

Judá existió como un reino independiente desde el año 922 a.C. hasta el 587 a.C. Durante este tiempo los gobernantes influenciaban directamente la vida religiosa y espiritual de la gente. Si el gobernante era piadoso, la nación seguía al Señor. Sin embargo, si el gobernante era indiferente, malo o adorador de ídolos, la nación se desviaba de Dios y de las tradiciones piadosas.

Esta lección se enfoca en el reinado de Josías (640–609 a.C.). Josías fue coronado a la edad de ocho años. A los veintiséis ya había consolidado su territorio y comenzado a reconstruir el Templo. Durante la reconstrucción, el sumo sacerdote, Hilcías, descubrió un libro de la ley. Probablemente este libro fue Deuteronomio. Entonces le llevaron el libro a Josías, quien al escuchar lo que decía se dio cuenta que él y su gente se habían apartado de Dios. Por esto, el rey se sintió apenado, avergonzado y triste.

Él impuso reformas religiosas drásticas, reforma de fe y de las prácticas religiosas.

El objetivo de esta lección es enseñar a sus estudiantes a conocer que la Biblia fortalece nuestra fe y nuestra relación con Dios. Esto fue cierto para Josías y es cierto para nosotros hoy. Venir a la iglesia ayuda a los niños, a las niñas y a las personas adultas a aprender más acerca del libro de Dios, la Biblia.

Los niños y las niñas de primaria se interesan en "las reglas". Todos tienen sus opiniones sobre la lógica y lo justo de las reglas, cómo seguirlas y las consecuencias de romperlas. Sus estudiantes se animarán cuando aprendan cómo Josías encontró las reglas de Dios y cómo el rey estuvo dispuesto a obedecer con premura esas reglas. Sus estudiantes, que están aprendiendo a leer palabras, oraciones y comenzando a leer libros, se identificarán con la historia acerca de un libro perdido, la práctica de leer en voz alta y el poder que este libro especial tenía sobre todos. Su grupo también disfrutará escuchando acerca del rey que ascendió al trono cuando tenía apenas ocho años de edad. Esta lección grita ,"¡El poder de los niños!"

La iglesia nos ayuda a aprender acerca de la Biblia.

Vistazo a la

ZONA	TIEMPO	MATERIALES	ACCESORIOS DE ZONA®
Acércate a la ZONA®			
Construye el techo	10 minutos	Transparencia 1, papel de construcción, navaja para papel o tijeras, pegamento	ninguno
La caja del tacto	10 minutos	martillo, clavo, destornillador, tornillo, cinta métrica, caja	ninguno
Zona Bíblica®			
Rollo del Templo	10 minutos	Reproducible 3A, Biblia, cinta adhesiva, tijeras, lápices o crayones, grapas para papel, papel de 8½ X 11 pulgadas	ninguno
Lee la historia bíblica	5 minutos	páginas 38-39, tijeras, engrapadora	ninguno
Josías obedece la Ley de Dios	5 minutos	páginas 38–39	ninguno
Refrigerio de letras	5 minutos	cereal con granos en forma de letras, galletas "graham", queso crema, tazones, servilletas, cuchillos para mantequilla	ninguno
Rollo de la Escritura	5 minutos	Reproducible 3B, crayones o marcadores de fieltro, cinta adhesiva, rollos empezados en la Lección 1	ninguno
Porra con pulseras	5 minutos	limpiapipas, cascabeles	pompones metálicos, maracas de plástico suave
Zona de Vida			
Canta y celebra	5 minutos	tocadiscos de discos compactos, pulseras de cascabeles	disco compacto, pompones metálicos, maracas de plástico
Palabras del corazón	5 minutos	Biblia	corazoncitos de cristal de colores
Despedida	5 minutos	Transparencia 2, marcadores de felpa o crayones	ninguno

◎ * Los Accesorios de Zona® se encuentran en el **Paquete de DIVERinspiración®**.

Acércate a la

Escoja una o más actividades para capturar la atención de sus estudiantes.

Materiales:
Transparencia 1
papel de construcción, navaja para papel o tijeras
pegamento

Accesorios de Zona®:
ninguno

Construye el techo

Recorte "tejas de madera" por anticipado. Si usted decide usar el dibujo grande, "las tejas" serán de una pulgada de ancho por dos pulgadas de largo. Si sus estudiantes tienen dibujos individuales, "las tejas" serán de ½ pulgada de ancho por una pulgada de largo.

Dé la bienvenida a cada estudiante diciendo, "Te doy la bienvenida con todo mi corazón, (*nombre*)". Guíeles al proyecto Construye esa iglesia (**Transparencia 1**), explicando que la tarea de hoy es colocar "las tejas" del techo. Muéstreles como sobreponer "las tejas" una sobre la otra, comenzando en la parte inferior del techo y trabajando de abajo hacia arriba.

Diga: La historia de hoy nos relata que el Templo no se había reparado en mucho tiempo. Necesitaba mucho trabajo para ser reparado y se habían perdido cosas importantes en el Templo. Una de ellas era un rollo llamado el Libro de la Ley de Dios. El rollo le indicaba a la gente las reglas que necesitaban conocer para vivir sus vidas como pueblo de Dios. (*Pida a cada estudiante que mencione una regla de su escuela, una regla de su casa y, si pueden, una regla de los Diez Mandamientos o de los Evangelios*). **Nuestra Biblia nos da reglas para vivir como pueblo de Dios. En la iglesia aprendemos acerca de la Biblia y sus muchas reglas buenas.**

Materiales:
martillo
clavo
destornillador
tornillo
cinta métrica
caja

Accesorios de Zona®:
ninguno

La caja del tacto

Sus estudiantes usarán su sentido del tacto en esta actividad. Coloque todos los objetos en la caja antes de la clase. Mantenga la caja cubierta o escondida hasta que sea la hora de la actividad.

Saque la caja, manteniéndola sobre el nivel visual de sus estudiantes. Invíteles a acercarse a usted, uno por uno, para tocar los objetos dentro de la caja. Dígales que los toquen pero que no los miren. Cuando todos hayan pasado, pídales que tomen asiento. Mantenga los objetos fuera de la vista. Pídales que identifiquen los objetos. Muéstrelos según los van mencionando.

Pregunte: Menciona el objeto recto, suave, con punta afilada (*clavo*). **Menciona el objeto con cabeza metálica que usamos para pegarle al clavo** (*martillo*). **Menciona el objeto que es recto y puntiagudo como el clavo, pero que tiene una espiral** (*tornillo*). **Menciona el objeto largo que usamos para colocar un tornillo** (*destornillador*). **Menciona la pequeña caja con una lengüeta de metal** (*cinta métrica*). **¿Para qué usa la gente estas herramientas?** (*Para construir y reparar*). **En la historia de hoy el rey Josías quería reparar el Templo en Jerusalén para que la gente pudiera reunirse para adorar a Dios allí otra vez. Mientras reparaban el Templo, se encontró el Libro de la Ley de Dios. El rey pudo escuchar la Palabra de Dios por primera vez. Es importante tener un lugar especial donde leer y escuchar la Palabra de Dios, así como lo hacemos en la iglesia.**

Escoja una o más actividades para sumergir a sus estudiantes en la historia bíblica.

Rollo del Templo

Antes de la clase, fotocopie el rompecabezas (**Reproducible 3A**) para cada estudiante. Recorte las piezas del rompecabezas. Use grapas para mantenerlas juntas.

Dé a cada estudiante un rompecabezas. Deje que cada niño o niña descubra lo que revela el dibujo.

Diga: El objeto de adoración de hoy es un rollo. En tiempos de la Biblia, los escritos sagrados se escribían en rollos hechos de papiro, piel o pergamino. Usualmente medían cerca de treinta y cinco pies de largo, con un rodillo pegado en cada extremo. En la historia de hoy, se encuentra en el Templo un rollo que había estado perdido. Hablaba acerca de las leyes de Dios. (*Levante la Biblia*). **Hoy en día, nuestros escritos sagrados no están escritos en rollos. Tenemos páginas impresas en máquinas, que se encuadernan juntas en un libro que llamamos la Biblia. Nuestra Palabra del Día es** *libro*.

Dirija a sus estudiantes a pegar su rompecabezas en una hoja de papel. Pídales que escriban "El libro de la Ley de Dios" en sus rollos coloreen.

Materiales:
Reproducible 3A
Biblia
cinta adhesiva
tijeras
lápices o crayones
grapas para papel
papel de 8½ por 11 pulgadas

Accesorios de Zona®:
ninguno

Lea la historia bíblica

La Escritura para hoy será presentada en forma de un libro pequeño que será leído en voz alta. El libro está impreso en las páginas 38–39 para ser fotocopiado y usado en la presentación así como para permitir que sus estudiantes hagan sus propios libros. Haga fotocopias para usted y para cada estudiante. Forme su libro con anticipación.

Para compaginar o armar los libros, usted y sus estudiantes usarán tijeras para recortar las páginas por las líneas continuas (no recorte las líneas punteadas). Pegue las páginas 8/1 y 2/7 una detrás de la otra. Después haga lo mismo con las páginas 4/5 y 6/3. Doble ambos juegos de páginas por las líneas punteadas.

Ponga las páginas en orden, acomode las orillas de la pila de hojas, y use la engrapadora para unir el libro, engrapándolo en la línea del centro. Doble las páginas por el centro para formar el libro.

A la hora de la historia, lea en voz alta de su copia del libro. Después de leer, dé a los niños y a las niñas sus propias páginas, junto con las tijeras. Enséñeles y muéstreles como recortar y compaginar sus libros. Ayúdeles a engrapar en el doblez del centro. Si el tiempo lo permite, invite a sus estudiantes a decorar los márgenes de sus libros con lápiz o crayón. Cuando terminen, lean juntos la historia en voz alta.

Materiales:
páginas 38–39
tijeras
engrapadora

Accesorios de Zona®:
ninguno

PRIMARIOS MENORES: LECCIÓN 3

Historia de la  Bíblica

Josías obedece la Ley de Dios
por Lisa Flinn

Josías fue rey de Judá a la edad de ocho años. Cuando tenía veintiséis, le pidió a su secretario que fuera al Templo con órdenes para el sumo sacerdote.

El rey quería que el sacerdote les diera todo el dinero de la ofrenda a los trabajadores para que pudieran reparar el Templo.

El rey reunió a todo el pueblo de Judá y Jerusalén, así como a los sacerdotes y profetas. Se puso de pie junto a la columna del Templo y leyó el libro en voz alta. Todos prometieron obedecer la Ley de Dios.

Entonces el rey Josías le dijo al pueblo que celebrara la Pascua como lo decía el Libro de la Ley de Dios. ¡Todos en Judá vinieron a Jerusalén a celebrar con su rey de veintiséis años de edad!

La profetisa les dijo que Dios estaba airado con el pueblo de Judá. Pero Dios había visto lo triste que el rey Josías estaba y como había llorado, así que Dios le había dicho que el pueblo de Judá no sería castigado por ahora.

Mientras el sacerdote recogía el dinero, encontró el Libro de la Ley de Dios. Había estado perdido y olvidado. Él mandó el libro inmediatamente al rey. El secretario del rey Josías lo leyó en voz alta.

El rey se preocupó. Se dio cuenta que no habían obedecido las leyes de Dios. Rasgó sus vestidos avergonzado y lloró. El rey Josías dijo, "El Señor debe estar furioso conmigo y con todos los demás".

El rey Josías llamó a los que estaban a su alrededor, diciendo, "Vayan a averiguar lo que el Señor quiere que hagamos". Los hombres fueron a ver a la profetisa Hulda para pedir ayuda.

Escoja una o más actividades para sumergir a sus estudiantes en la historia bíblica.

Materiales:
cereal de alfabeto
galletas "graham"
queso crema o escarchado en lata
servilletas
cuchillos para mantequilla

Accesorios de Zona®:
ninguno

Refrigerio de letras

Ponga el cereal en tazones. Entrégueles una galleta en una servilleta. Ponga al alcance el queso crema o el escarchado en lata y los cuchillos.

Diga: En honor a nuestra Palabra del Día, que es *libro,* **van a hacer un libro sabroso. Su galleta "graham" será la página. Unten el queso o el escarchado en la página y usen las letras del cereal para escribir palabras. El queso o escarchado permitirá que las palabras se peguen a las páginas.** *(Invite a sus estudiantes a disfrutar su refrigerio).*

Materiales:
Reproducible 3B
crayones
cinta adhesiva
rollos empezados en la Lección 1

Accesorios de Zona®:
ninguno

Rollos de la Escritura

Entregue a todos una fotocopia del **Reproducible 3B**. Lea el versículo, señalando cada palabra. Pida a sus estudiantes que decoren la página para su rollo de la Escritura. Explique que la primera letra tiene un libro en honor al libro de la Ley de Dios. Recuérdeles que *libro* es la Palabra del Día. Pegue la nueva página a cada rollo de la Escritura.

Diga: Una manera en que la iglesia nos ayuda a aprender acerca de la Biblia es enseñándonos versículos bíblicos maravillosos. La Biblia puede ayudarnos a orar, recordar las leyes de Dios y a entender nuestra fe.

Materiales:
limpiapipas
cascabeles

Accesorios de Zona®:
pompones metálicos
maracas de plástico

Porra con pulseras

Entregue a cada niño y niña un limpiapipas y varios cascabeles para hacer una pulsera de cascabeles. Pídales que pasen sus limpiapipas por el orificio de los cascabeles. Pídales que junten y tuerzan las puntas para formar una pulsera que puedan agarrar con sus manos.

Diga: Vamos a hacer ruido alegre y a darle una porra (vivas) a la Biblia con nuestras pulseras de cascabeles y algunos Accesorios de Zona®. La Biblia es un libro lleno de ley, historia, poesía, profecía, narraciones históricas y cartas. ¡Podemos contar con la iglesia para ayudarnos a aprender acerca de la Biblia! *(Reparta los* **pompones metálicos** *y las* **maracas de plástico** *suave. Pida que se pongan o agarren sus pulseras de cascabeles. Pida que sigan agitando sus pulseras de cascabeles y maracas mientras gritan).*

Diga: Dame una "B". *(pausa)* **Dame una "I".** *(pausa)* **Dame una "B".** *(pausa)* **Dame una "L".** *(pausa)* **Dame una "I".** *(pausa)* **Dame una "A".** *(pausa)* **¿Qué queremos aprender?** *(La Biblia)*

Guíe a sus estudiantes en la porra una o dos veces más, o pida a algún voluntario o voluntaria para dirigirla.

 de Vida

Escoja una o más actividades para que la Biblia cobre significado en la vida.

Canta y celebra

Dirija a sus estudiantes en el cántico "Aplaudir, pueblos todos" (**cántico 5 del disco compacto**).

Entregue a sus estudiantes sus **pulseras de cascabeles, pompones metálicos y maracas de plástico suave**. Diríjales agitando las pulseras y los Accesorios de Zona® de un lado a otro y arriba en el aire al ritmo del cántico.

Aplaudir, pueblos todos

Aplaudir, pueblos todos,
aclamen a Dios con voz de triunfo.
Aplaudir, pueblos todos,
aclamen a Dios con voz de amor.

Hosanna, hosanna,
aclamen a Dios con voz de triunfo.
Alaben, alaben,
aclamen a Dios con voz de amor.

Alaben, alaben,
aclamen a Dios con voz de amor.

LETRA: Salmo 47:1, adaptado; trad. por Diana Beach.
MÚSICA: Jim Owens; arr. por David Peacock.
© 1972 Bud John Songs; trad. © 2007 Bud John Songs (admin. por The Sparrow Company). Todos los derechos reservados. Usado con permiso.

Materiales:
Transparencia 1
marcadores de felpa
  o crayones
pegamento

Accesorios de Zona®:
corazoncitos de
  cristal de colores

 **La iglesia nos ayuda a aprender acerca de la Biblia.**

PRIMARIOS MENORES: LECCIÓN 3

 de Vida

Escoja una o más actividades para que la Biblia cobre significado en la vida.

Materiales:
Biblia

Accesorios de Zona®:
corazoncitos de cristal de colores

Palabras del corazón

Reúna a sus estudiantes formando un círculo. Tenga la Biblia en su regazo. Coloque algunas piezas de los corazoncitos en la palma de la mano de cada niño y niña.

Pida que pasen sus corazoncitos de una palma a la otra a la vez que repiten con usted el versículo bíblico. Divida el versículo en dos partes mientras habla, diciendo, "Dame entendimiento para guardar tu enseñanza (pausa); ¡quiero obedecerla de todo corazón!"

Repita el versículo varias veces y después pida que observen las figuras de corazones que tienen en sus manos.

Diga: Una de las leyes que prometemos obedecer con todo nuestro corazón es amar y adorar a Dios. Josías sabía que sólo hay un verdadero Dios. Como Josías, podemos leer acerca de Dios y las leyes de Dios en la Biblia.

Pida a sus estudiantes que devuelvan los corazoncitos para usarlos en lecciones futuras.

Materiales:
Transparencia 2
marcadores de felpa o crayones
Biblia

Accesorios de Zona®:
ninguno

Despedida

Dependiendo de la selección hecha en la Lección 1, use una ampliación o copias individuales de la Búsqueda de la iglesia (**Transparencia 2**).

Pida a sus estudiantes que examinen el buscapalabras para encontrar la palabra *libro*. (Si quiere puede deletrear o escribir la palabra para los niños y las niñas que comienzan a leer). Pídales que circulen la palabra. (La palabra aparece varias veces).

Diga: En nuestra historia, el Libro de la Ley de Dios fue descubierto en el Templo. Podemos descubrir cosas importantes acerca del libro sagrado de Dios cada semana cuando venimos a la iglesia y también cuando leemos la Biblia en casa.

Abra su Biblia en el Salmo 119. Recuerde a sus estudiantes que el versículo bíblico de hoy viene de este salmo. Lea el Salmo 119:165-174.

Reúnales en un círculo para orar. Pídales que junten sus manos enfrente de ellos como si fueran un libro abierto.

Ore: Amado Dios, te damos gracias por las letras del alfabeto y las palabras, las oraciones y los libros, y especialmente por la Biblia. Amén.

Haga una copia de Zona Casera® para cada estudiante.

 # Casera para padres

Versículo bíblico
Dame entendimiento para guardar tu enseñanza; ¡quiero obedecerla de todo corazón!
Salmo 119:34

Historia bíblica
2 Reyes 22:1–23:3, 21-23

El rey Josías fue coronado a la edad de ocho años. Fue un rey bueno y piadoso y comenzó a reparar el Templo de Jerusalén cuando tenía veintiséis años. El sumo sacerdote descubrió un rollo en el Templo que se reconoció como el Libro de la Ley de Dios. Cuando el rey Josías lo leyó, se llenó de vergüenza y tristeza porque se dio cuenta que su pueblo se había desviado lejos de Dios. Josías reunió a la gente para escuchar las palabras del Libro de la Ley de Dios. El pueblo prometió obedecer la Ley de Dios.

Su hijo o su hija conoce acerca de reglas y leyes. En la iglesia puede haber escuchado acerca de los Diez Mandamientos y los mandamientos de Jesús. Hable con él o ella acerca de las reglas y leyes que permiten que la gente coexista con mayor paz y seguridad. Ayúdele a entender las reglas y leyes que debe obedecer. ¡El rey Josías se alegró de aprender las reglas! ¡En el fondo su hijo o su hija se alegrará también!

Reglas de la casa

Como familia, repase todas las normas de conducta consideradas como reglas familiares. ¿Cuáles de ellas son principalmente por seguridad? ¿Cuáles son por consideración a otros? ¿Cuáles son las cinco reglas principales?

Haga una regla graciosa por el día, como por ejemplo hablar sólo con murmullos o comer la cena una vez que hayan terminado el postre. Su hijo disfrutará y se reirá al ver a sus padres y hermanos seguir reglas sin sentido.

Plática de libros

Reúna a la familia para un refrigerio divertido y una plática acerca de libros. Aquí hay algunas maneras de comenzar la discusión: ¿Cuál es el primer libro que recuerdas? ¿Cuál es tu libro favorito? ¿De qué libros has oído hablar a otra gente? ¿Tienes un libro de Navidad favorito? ¿Qué parte de la Biblia te gusta más? Si escribieras un libro, ¿de qué trataría?

La iglesia nos ayuda a aprender acerca de la Biblia.

Permiso de fotocopiado otorgado para uso de la iglesia local. © 2007 Abingdon Press.

PRIMARIOS MENORES: LECCIÓN 3

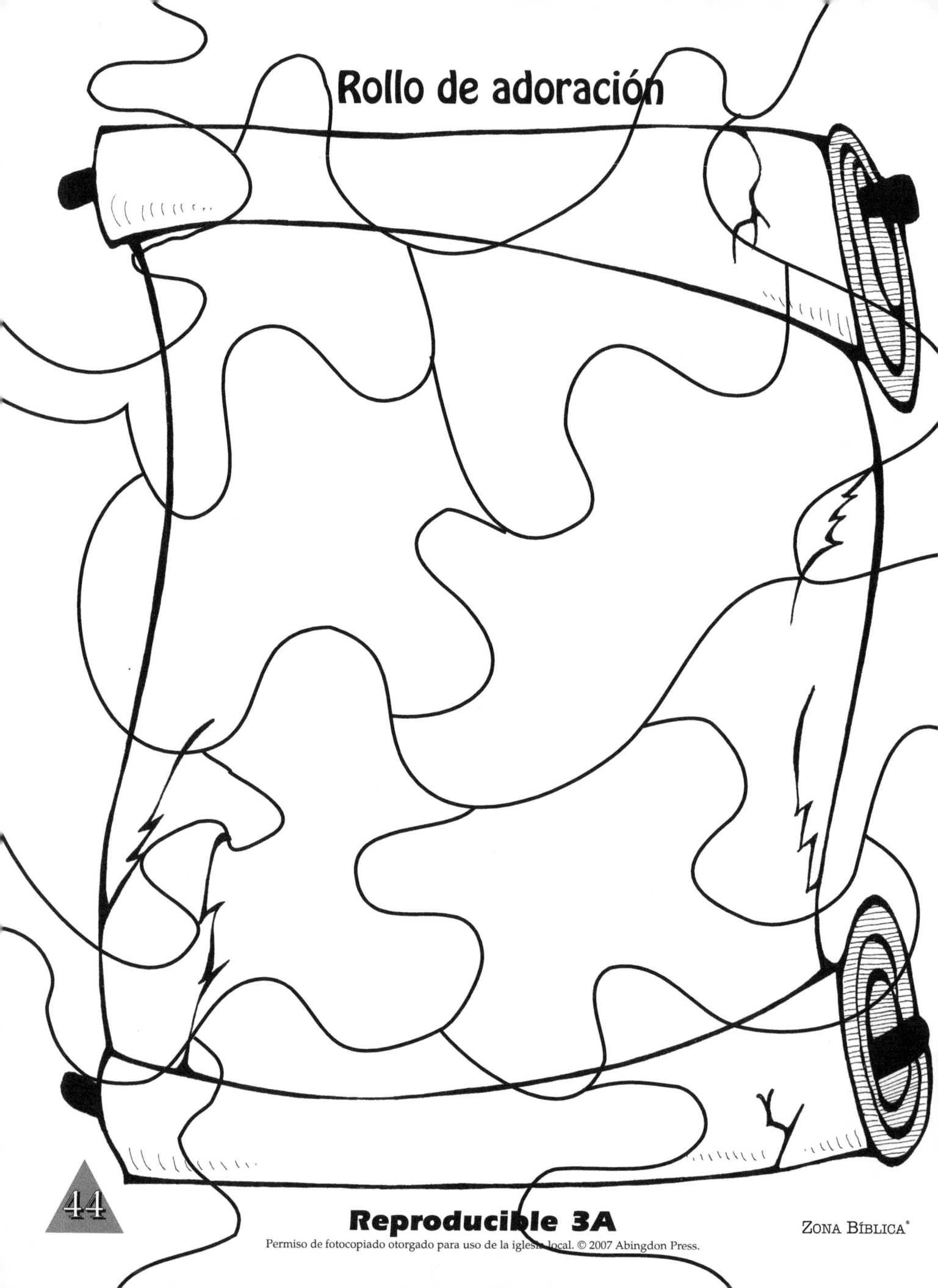

Zorobabel

Entra a la ZONA

Versículo bíblico
Porque el Señor es bueno; su amor es eterno y su fidelidad no tiene fin.

Salmo 100:5

Historia bíblica
Esdras 3:1–4:4; 5:1–6:22

El nombre Zorobabel significa "vástago de Babilonia", y Zorobabel era efectivamente un niño nacido en el exilio. Su padre era Salatiel y su abuelo era el rey Jeconías de Judá. Estos tres hombres se mencionan como ancestros de Jesús (Mateo 1:12), porque eran de la casa y linaje de David.

Zorobabel, que era por derecho rey de Judá, fue el primer líder en traer un grupo de exiliados de regreso a Jerusalén. Con el sumo sacerdote, Josué, Zorobabel levantó un altar y comenzó a adorar en las ruinas del Templo. Empezaron a planear la reconstrucción del Templo. Este era el templo que el rey Salomón había construido y que el rey Nabucodonosor había destruido.

Aunque Zorobabel era el gobernador persa en Jerusalén, se enfrentó a una gran oposición por parte de la gente de la región. Esta situación provocó que los trabajos de reconstrucción se retrasaran debido a la oposición y tácticas dilatorias de esta gente. Así que pasaron diecisiete años antes de que se completara el Templo. En la dedicación del Templo no se menciona a Zorobabel. Sin embargo, su determinación y liderazgo ha motivado a muchos estudiosos a referirse a la reconstrucción del Templo como "el templo de Zorobabel".

La historia hace hincapié en que no hay iglesia sin personas, especialmente siervos y siervas dedicados (y dedicadas) a Dios. En esta lección usted discutirá las dificultades que surgieron durante la reconstrucción del Templo y el papel de Zorobabel en el proceso. Después conectará esto con la importancia de la congregación de la iglesia y de sus miembros individuales. En lecciones pasadas se habló de la importancia de la construcción y mantenimiento de la casa de Dios. Esta lección ayudará a sus estudiantes a comprender que la iglesia es mucho más que un edificio.

Los niños y niñas de primaria apreciarán los aspectos tangibles de la construcción y reparación de la iglesia. Sin embargo, también les gustará pensar acerca de los diferentes roles de la gente y de su propia importancia dentro de la iglesia. Ayúdeles a exclamar gozosos, "¡La iglesia es más que un edificio, soy yo!"

La iglesia es más que un edificio; es la gente.

Vistazo a la

ZONA	TIEMPO	MATERIALES	✺ ACCESORIOS DE ZONA®
Acércate a la ZONA®			
El símbolo de la cruz	10 minutos	Transparencia 1, escarcha de brillo y pegamento o bolígrafo de escarcha	ninguno
Conoce a la gente	5 minutos	directorio de la iglesia	botellas de burbujas con carita feliz
Zona Bíblica®			
Sabor de Pascua	5 minutos	manzanas, miel, nueces o semillas de girasol, tazón para mezclar, cuchillo, cuchara para servir, vasos, cucharas	ninguno
El altar de la ofrenda	5 minutos	Reproducible 4A, crayones, cinta adhesiva	ninguno
¡Se termina el Templo!	5 minutos	ninguno	ninguno
Deletrea	5 minutos	Biblia, cinco pedazos de papel, marcadores de felpa	letras del abecedario de plástico
Rollo de la Escritura	5 minutos	Reproducible 4B, crayones, cinta adhesiva, rollos empezados en la Lección 1	ninguno
Zona de Vida			
Canta y celebra	5 minutos	tocadiscos de discos compactos	disco compacto, pompones metálicos, maracas
Cena para compartir	5 minutos	comida de día de campo, platos, tenedores o cucharas, servilletas, bebidas, vasos	ninguno
Agito y no te mueves	5 minutos	ninguno	maracas de plástico
Oración por la gente	5 minutos	Transparencia 2, crayones	ninguno

✺ * Los Accesorios de Zona® se encuentran en el **Paquete de DIVERinspiración®**.

Acércate a la

Escoja una o más actividades para capturar la atención de sus estudiantes.

Materiales:
Transparencia 1, escarcha de brillo y pegamento o bolígrafo de brillo

Accesorios de Zona®:
ninguno

El símblo de la cruz

Salude a cada estudiante diciendo, "El Señor es bueno, y es bueno que nos acompañes hoy" Diríjales al proyecto Construye esa iglesia (**Transparencia 1**), explicando cómo desea que decoren la cúpula y la cruz, con escarcha de brillo. Si ustedes están trabajando en el proyecto como grupo, quizá podría dejar que se turnen decorando una parte de la cruz y la cúpula con escarcha de brillo, para que todos tengan la misma oportunidad. Cuando terminen su trabajo, admire lo que han decorado.

Diga: Como personas cristianas frecuentemente ponemos la cruz de Jesús tanto en el exterior como dentro de nuestras iglesias. Para nosotros, la cruz es un símbolo del amor y fidelidad de Dios. Dios, por su infinito amor y fidelidad, mandó a Jesús para salvarnos.

Pregunte a sus estudiantes acerca de las cúpulas y cruces que ven en su iglesia y en otras iglesias de la comunidad.

Diga: La cúpula y su cruz se encuentran muy alto, como si nos llamaran a venir a la iglesia. Dentro del edificio de la iglesia cantamos, oramos, aprendemos, escuchamos, damos ofrendas, hacemos trabajo misionero y disfrutamos de confraternidad. Pero ninguna de estas actividades ocurriría sin una congregación compuesta por personas. La iglesia es más que un edificio; ¡es el pueblo de Dios!

Materiales:
directorio de la iglesia

Accesorios de Zona®:
botellas de burbujas con cara feliz

Conoce a la gente

Reúna a sus estudiantes y entrégueles una botella de burbujas. Tome una botellita y diga, "¡Yo soy (*su nombre*), y soy una persona en la iglesia!" Circule entre sus estudiantes e invíteles a repetir la frase usando sus nombres y a la misma vez a levantar la botellitas de burbujas.

Diga: Ustedes son la iglesia, yo soy la iglesia, y todos juntos somos la iglesia. ¡La iglesia es más que un edificio; es el pueblo de Dios! Aquí hay más gente, aparte de ustedes y yo, que forman parte de nuestra iglesia. Celebremos a la gente de nuestra iglesia haciendo burbujas y leyendo sus nombres.

Anímeles a hacer burbujas mientras usted lee del directorio de la iglesia todos los nombres que el tiempo permita.

Diga: ¡Sus burbujas crean una atmósfera festiva cuando celebramos a la gente de nuestra iglesia!

Díga a sus estudiantes que *gente* es la Palabra del Día.

Escoja una o más actividades para sumergir a sus estudiantes en la historia bíblica.

Sabor de Pascua

Use el sentido del gusto para introducir la historia bíblica. Antes de comenzar la clase haga la siguiente ensalada de manzana (charoset). Por cada estudiante use un cuarto de una manzana y una cucharadita de nueces picadas o semillas de girasol. (**Algunos niños y niñas pueden ser alérgicos a las nueces**). Pique las manzanas en pedazos pequeños. Colóquelos en un tazón, mezclando con las nueces o semillas de girasol. Bañe con miel y revuelva. Cubra el tazón y refrigere.

Sirva el charoset en vasos. Reparta cucharas e invíteles a probar.

Diga: Esto es charoset. Se prepara con manzanas, miel y nueces o semillas. La mezcla representa los ladrillos y cemento que los esclavos israelitas fabricaban y usaban en Egipto. El charoset es un plato de la comida tradicional de Pascua. La Pascua es una celebración que tiene como objetivo recordar cuando los israelitas huyeron de Egipto con la ayuda de Dios. Dios quería que el pueblo judío celebrara esta ocasión una vez al año por ocho días. En la historia de hoy la gente celebró el final de la construcción del Templo con la festividad de la Pascua para prestar honor a Dios. *(Pida a sus estudiantes que compartan recuerdos o historias de algún evento de la iglesia donde haya habido comida).* Desde la Santa Cena hasta un desayuno de "panqueques" o la comida campestre anual, compartir los alimentos nos acerca como familia de la iglesia. Una razón por la que nos alegramos al ver el edificio de nuestra iglesia es porque nos trae gratas memorias del tiempo compartido con la gente que asiste a nuestra iglesia.

Materiales:
manzanas
miel
nueces o semillas de girasol
tazón para mezclar
cuchillo
cuchara para servir
vasos
cucharas

Accesorios de Zona®:
ninguno

El altar de la ofrenda

Fotocopie, por anticipado, el altar de la ofrenda (**Reproducible 4A**).

Dé a cada estudiante los rompecabezas para doblar. Cuando hayan doblado sus rompecabezas, usen cinta adhesiva en la parte trasera del dibujo para mantener el doblez en su lugar. Deje que coloreen el dibujo.

Diga: La ley judía pedía que se hicieran ofrendas a Dios. La gente traía animales para ser sacrificados por el sacerdote y quemados en el altar. Estas ofrendas sólo podían hacerse en el templo de Jerusalén. Por eso es que las gentes querían reconstruir el templo de Jerusalén y estaban molestas cuando se presentaron problemas que retasaron el trabajo. Este es un dibujo del altar que se usaba para quemar ofrendas en el templo de Jerusalén. Hoy en día hacemos otro tipo de ofrendas. ¿Qué tipo de ofrendas hacemos en nuestra iglesia? Podemos hacer estas ofrendas en muchas iglesias, no solo en una iglesia en particular. La iglesia es más que el edificio; es la congregación del pueblo de Dios haciendo el trabajo de Dios en el mundo.

Materiales:
Reproducible 4A
crayones
cinta adhesiva

Accesorios de Zona®:
ninguno

PRIMARIOS MENORES: LECCIÓN 4

Historia de la Zona Bíblica

¡Se termina el Templo!

por Lisa Flinn

Reúna a sus estudiantes formando un círculo. Explique que tienen que imaginar que han regresado a los tiempos bíblicos a la antigua ciudad de Jerusalén. Todos los días ven las ruinas del Templo que el rey Salomón había construido. El rey Nabucodonosor destruyó el Templo antes de llevarles cautivos.

Pida a los niños y a las niñas que simulen estar tristes y enojados porque surgen problemas cada vez que quieren reconstruir el Templo. Explique que tienen que representar a la gente y que van a gritar, "¡Reconstruyan el Templo!" cada vez que usted haga una pausa en la historia. Para mayor énfasis, también pueden palmear sus manos contra sus piernas.

Hace mucho tiempo, después de los días del rey Josías, el territorio de Judá era gobernado por reyes extranjeros. El amado Templo en Jerusalén había sido destruido por el rey Nabucodonosor, quien también se llevó a la gente del pueblo de Judá a una tierra extraña, lejos de sus casas.

(*Haga una pausa para que sus estudiantes respondan*).

Estudiantes: ¡Reconstruyan el Templo!

Un niño nació en esa tierra extraña y cuando creció llegó a ser un gran líder. Este hombre, Zorobabel, guió al primer grupo de cautivos de regreso a la tierra de sus antepasados. Inmediatamente Zorobabel y la gente empezaron a construir los cimientos para el Templo.

(*Haga una pausa para que sus estudiantes respondan*).

Estudiantes: ¡Reconstruyan el Templo!

Pero surgieron muchos problemas, y pasaron muchos años sin que pudieran avanzar más allá de los cimientos del Templo. Por fin hubo una señal de Dios a los profetas Hageo y Zacarías. Dios les dijo que comunicaran al pueblo que podían comenzar a trabajar en el Templo una vez más.

(*Haga una pausa para que sus estudiantes respondan*).

Estudiantes: ¡Reconstruyan el Templo!

Así que el gobernador Zorobabel y el sacerdote Josué estaban complacidos y exhortaron a todos a continuar la reconstrucción. Pero nuevamente, el gobernador de una provincia diferente vio el trabajo que se realizaba. Él quería saber si la gente tenía permiso para reconstruir el Templo y quién estaba

dirigiendo el proyecto. Quería detener el trabajo, pero no pudo.

(*Haga una pausa para que sus estudiantes respondan*).

Estudiantes: ¡Reconstruyan el Templo!

El gobernador chismoso escribió una carta al gobernante de Persia, el rey Darío, quejándose acerca de la reconstrucción del Templo. Él le dijo al rey Darío que la gente estaba diciendo que eran siervos de Dios. El gobernador sugirió al rey que la gente debía detener el trabajo del Templo.

(*Haga una pausa para que sus estudiantes respondan*).

Estudiantes: ¡Reconstruyan el Templo!

La gente explicó que el Templo había sido destruido, y que todos los objetos especiales habían sido robados. Luego habían sido forzados a ir a Babilonia. El gobernador no entendía por qué el Templo era tan importante. Tenía curiosidad. Le pidió al rey Darío que averiguara si había un registro oficial de las cosas robadas y si realmente el rey Ciro había concedido, al pueblo judío, el reconstruir su Templo hacía muchos años.

(*Haga una pausa para que sus estudiantes respondan*).

Estudiantes: ¡Reconstruyan el Templo!

El rey Darío ordenó una búsqueda de los registros. Él descubrió que el rey Ciro quería que el templo en Jerusalén fuera reconstruido. Muy especialmente, el rey Ciro quería que los sacerdotes del Templo pudieran presentar ofrendas a Dios nuevamente.

(*Haga una pausa para que sus estudiantes respondan*).

Estudiantes: ¡Reconstruyan el Templo!

El rey Darío mandó una carta al gobernador que se había quejado. El rey le dijo que dejara de molestar al gobernador Zorobabel y a sus ciudadanos. También ordenó que el gobernador le diera del dinero de los impuestos de su propia provincia a Zorobabel para ayudar en la reconstrucción del Templo.

(*Haga una pausa para que sus estudiantes respondan*).

Estudiantes: ¡Reconstruyan el Templo!

El rey Darío ordenó al otro gobernador a dar a los sacerdotes del Templo todo lo que necesitaran para que las ofrendas a Dios pudieran comenzar y continuar presentándose todos los días. El rey les dijo a todos que siguieran sus instrucciones, o serían castigados.

(*Haga una pausa para que sus estudiantes respondan*).

Estudiantes: ¡Reconstruyan el Templo!

Finalmente se completó el Templo, veinte años después de que Zorobabel y su gente comenzaran el trabajo. La gente adoró con alegría y presentó ofrendas a Dios. Entonces todos celebraron juntos la Pascua.

Escoja una o más actividades para sumergir a sus estudiantes en la historia bíblica.

Materiales:
Biblia
cinco pedazos de papel
marcadores de felpa

Accesorios de Zona®:
letras del alfabeto de plástico

Deletrea

Escriba estas cinco palabras en letras grandes, una palabra en cada pedazo de papel. *Señor, bueno, amor, eterno, fidelidad.* Distribuya las letras en la mesa o el piso, accesibles a sus estudiantes. Organíceles en parejas. Levante un papel a la vez. Rete a las parejas a encontrar las letras para deletrear la palabra. Repita el proceso hasta que las cinco palabras hayan sido deletreadas.

Diga: Estas palabras son parte de nuestro versículo bíblico: "Porque el Señor es bueno; su amor es eterno y su fidelidad no tiene fin" (Salmo 100:5).

Dirija a sus estudiantes repitiendo el versículo. Acomode los papeles en el orden que las palabras aparecen en el versículo. Señale cada una y dígala en voz alta. Use estas palabras claves como avisos cuando el grupo repita el versículo varias veces. Invite a los niños y a las niñas a ayudarle a deletrear la última palabra: *Zorobabel*. Busquen las letras una por una. Cuando las encuentren, deletreen la palabra en la mesa o el piso.

Diga: Zorobabel es una palabra que suena graciosa. Zorobabel era el gobernador de Jerusalén en nuestra historia. Se le menciona en el libro de Mateo como uno de los antepasados de Jesús. *(Abra la Biblia en Mateo 1:12, señalando a Zorobabel).* **Zorobabel era un siervo de Dios. Él mostró amor y fidelidad a Dios al guiar a los judíos en cautiverio desde Babilonia hasta su hogar en Jerusalén, sirviendo como gobernador y reconstruyendo el Templo. Dios mostró su amor y fidelidad a la gente al darles nuevamente libertad, trayéndoles hasta las tierras de sus antepasados, su hogar, dándoles un buen líder y ayudándoles a reconstruir el Templo.**

Pregunte: ¿Cómo mostramos amor y fidelidad a Dios? ¿Cómo nos muestra Dios su amor y fidelidad? El amor de Dios no terminó en los tiempos bíblicos. El amor y fidelidad de Dios están con nosotros hoy y por siempre. Dios nos ama porque somos el pueblo de Dios.

Materiales:
Reproducible 4B
crayones
cinta adhesiva
rollos empezados en la lección 1

Accesorios de Zona®:
ninguno

Rollos de la Escritura

De antemano, haga una fotocopia del **Reproducible 4B** para cada estudiante.

Entrégueles la fotocopia del reproducible y lean juntos el versículo bíblico. Pídales que coloreen la página. Explique que la primera letra tiene la ilustración de gente porque *gente* es la Palabra del Día y la iglesia de Dios está formada de la gente de Dios.

Una vez que las nuevas hojas de los rollos estén coloreadas, use cinta adhesiva para pegarlas a los rollos de la Escritura.

 de Vida

Escoja una o más actividades para que la Biblia cobre significado en la vida.

Canta y celebra

Toque el cántico "¡Vengan! ¡Todos adoremos! (**cántico 4 del disco compacto**). Permita que sus estudiantes canten junto a la música. Ponga el cántico nuevamente y marchen alrededor del salón, agitando las **maracas** y los **pompones metálicos**. Si usted tiene una clase muy grande, puede pedirles a los niños y a las niñas que intercambien las maracas y pompones durante el cántico. Pueden usar también otros instrumentos rítmicos.

Materiales:
tocadiscos de discos compactos

Accesorios de Zona®:
disco compacto
pompones metálicos
maracas de plástico

¡Vengan! ¡Todos adoremos!

¡Vengan! ¡Todos adoremos con cantos y oración!
¡Vengan! ¡Todos adoremos a nuestro Señor!

Hemos de acordarnos del día del Señor.
Es día de descanso no hay que trabajar.

¡Vengan! ¡Todos adoremos con cantos y oración!
¡Vengan! ¡Todos adoremos a nuestro Señor!

Hemos de acordarnos cuán bueno es nuestro Dios.
Nos ayuda con amor; nos cuida también.

¡Vengan! ¡Todos adoremos con cantos y oración!
¡Vengan! ¡Todos adoremos a nuestro Señor!

Hemos de acordarnos que toda bendición
viene de nuestro buen Dios.
Démosle loor.

¡Vengan! ¡Todos adoremos con cantos y oración!
¡Vengan! ¡Todos adoremos a nuestro Señor!

Hemos de acordarnos que Cristo el Señor
a orar nos enseñó para hablar con Dios.

¡Vengan! ¡Todos adoremos con cantos y oración!
¡Vengan! ¡Todos adoremos a nuestro Señor!

Hemos de acordarnos que Dios nos guiará
por la senda con su luz para no caer.

¡Vengan! ¡Todos adoremos con cantos y oración!
¡Vengan! ¡Todos adoremos a nuestro Señor!

LETRA: Natalie Sleeth; trad. por María Luisa Santillán de Baert.
MÚSICA: Natalie Sleeth.
© 1991 Cokesbury, admin. por The Copyright Co., Nashville, TN 37212.

 de Vida

Escoja una o más actividades para que la Biblia cobre significado en la vida.

Materiales:
comida de día de campo
platos
tenedores o cucharas
servilletas
bebidas
vasos

Accesorios de Zona®:
ninguno

Cena para compartir

Diga: Una de las maneras en las que nuestra congregación se convierte en una familia es cuando platican mientras comparten los alimentos en la casa de Dios. Piensen en nuestra iglesia como un hogar fuera de casa y piensen en la gente de la iglesia como una gran familia. *(Ofrezca comida que sus estudiantes asocien con la iglesia, como huevos rellenos, pastel de chocolate, macarrones con queso, ensalada de gelatina. Anímeles a socializar mientras disfrutan su refrigerio).*

Materiales:
ninguno

Accesorios de Zona®:
maracas de plástico

Agito y no te mueves

Seleccione a un estudiante (el agitador) para que agite las maracas de plástico. Sus estudiantes tendrán que quedarse quietos en su lugar y cerrar sus ojos. Dígale al agitador que se mueva silenciosamente y que lo toque en el hombro. En este momento, usted dirá "¡La iglesia es más que un edificio, soy yo!" Todos sabrán que es usted, pero pídales que traten de adivinar. Dígales que pueden abrir los ojos y moverse alrededor del salón. Como usted fue la persona que el agitador tocó usted será el agitador ahora. Cuando usted agite las maracas, recuerde al grupo que tienen que detenerse y cerrar los ojos. Toque a alguien en el hombro y haga que el niño o la niña diga: "¡La iglesia es más que un edificio, soy yo!" Cuando adivinen el nombre, dé al niño o a la niña las maracas. Anímeles a seleccionar a alguien que no haya sido tocado en el hombro todavía.

Materiales:
Transparencia 2
marcadores de felpa o crayones

Accesorios de Zona®:
ninguno

Oración por la gente

Use una ampliación o copias individuales de Búsqueda de la iglesia **(Transparencia 2)**. Pida a sus estudiantes que localicen, en el buscapalabras, la Palabra del Día *gente*. Pídales que circulen la palabra.

Diga: La iglesia es más que un edificio. La iglesia somos ustedes y yo y toda la gente que adora aquí. *Gente* **es nuestra Palabra del Día.**

Dirija a sus estudiantes a formar un círculo. Dígales que cuando usted pause luego de decir "por todos los adultos de nuestra iglesia", tienen que ir alrededor del círculo mencionando una persona adulta en la iglesia. Cuando usted pause luego de decir "por la niñez de nuestra iglesia", tienen que ir alrededor del círculo mencionando a un niño o a una niña en la iglesia.

Ore: Dios, te damos gracias por todas las personas adultas en nuestra iglesia (sus estudiantes repetirán los *nombres de algunas personas adultas***) y por todos los niños y las niñas de nuestra iglesia (sus estudiantes mencionarán los** *nombres de algunos niños y de algunas niñas***). ¡Gracias por toda la gente maravillosa en nuestra iglesia! Amén.**

Haga una copia de Zona Casera® para cada estudiante en su clase.

Zona Bíblica

 # Casera para padres

Versículo bíblico
Porque el Señor es bueno; su amor es eterno y su fidelidad no tiene fin. **Salmo 100:5**

Historia bíblica
Esdras 3:1–4:4; 5:1–6:22

Un hombre llamado Zorobabel guió al primer grupo de exiliados a tierra de sus antepasados, su hogar en Jerusalén. Inmediatamente organizó la reconstrucción del Templo, el cual había sido destruido por el rey Nabucodonosor. Se encontró con muchos problemas, y tomó veinte años reconstruir el Templo. La gente estaba llena de alegría cuando finalmente tuvieron un edificio santificado para la adoración. Sin embargo, las casa de Dios, en la antigüedad como hoy día, no existiría sin la gente. El pueblo de Dios es la vida de la iglesia de Dios.

Converse con su hijo o su hija acerca de cómo se siente al ser parte de la familia de la iglesia. ¿Cómo se relaciona él o ella con otras personas en la iglesia? ¿Qué eventos de la iglesia son los más alegres? ¿La congregación seguiría siendo una iglesia si se mudaran a otro edificio o si se destruyera la iglesia? Ayúdele a comprender que su familia seguirá siendo la misma familia, aun si se mudaran de una casa a otra. De la misma manera una iglesia es más que el edificio donde se reúnen para adorar. ¡La iglesia de Dios es la gente!

Sombrero de cocinero

Tanto en la casa como en la iglesia, la comida une a las personas. Pida a su hijo o a su hija que escoja su plato favorito de los alimentos comidos en la iglesia. Planee una ocasión para cocinar esta comida con su hijo o hija. Sírvala a su familia, o ¡llévela con orgullo a algún evento de compartir de la iglesia!

¿Quién es quién?

Juegue a este juego de adivinanzas durante la comida o durante la merienda. Pida que los miembros de la familia se turnen para describir a gente de su mismo grupo en la iglesia. Por ejemplo, su hijo o hija puede dar pistas o claves de estudiantes en el grupo de la Zona Bíblica. El resto de la familia tratará de adivinar el nombre de la persona que se describe.

La iglesia es más que un edificio; es la gente.

El altar de la ofrenda

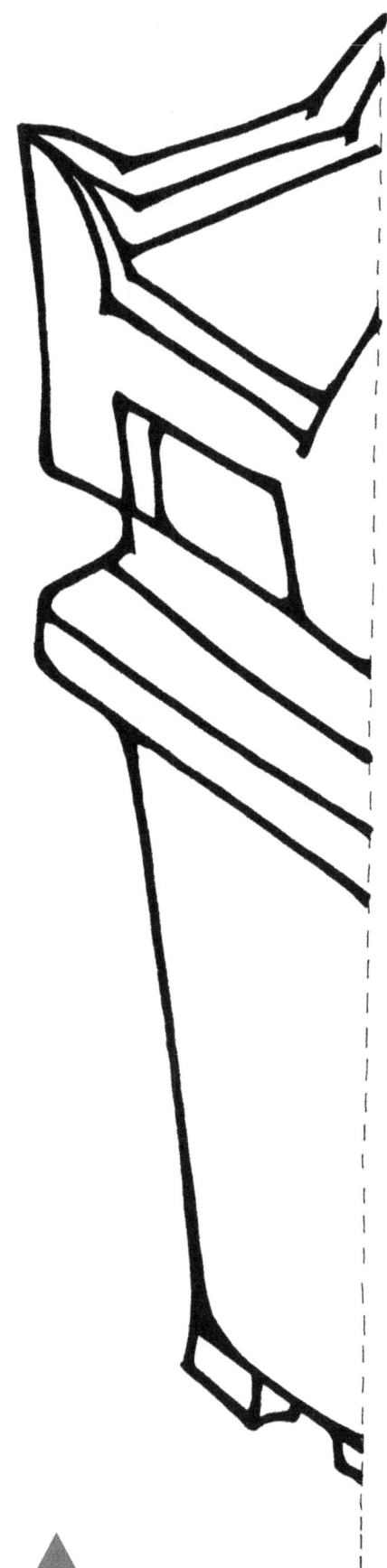
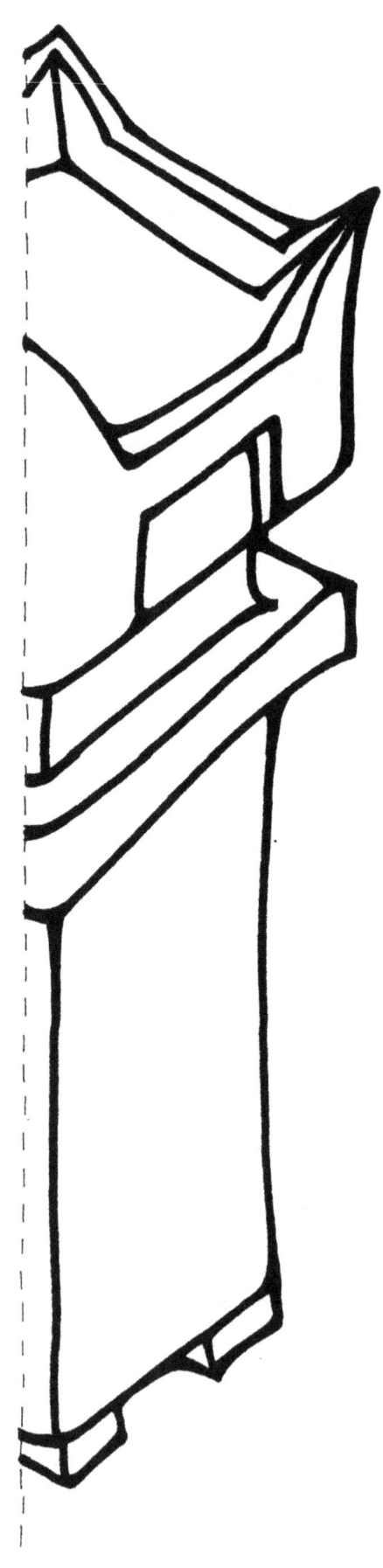

Reproducible 4A

Salmo 100

Entra a la ZONA

Versículo bíblico
Con alegría adoren al Señor; ¡con gritos de alegría vengan a su presencia!

Salmo 100:2

Historia bíblica
Salmo 100

El libro de los Salmos es un compendio de oraciones, himnos y poesía escritos por varios autores. Nosotros asociamos los salmos con David porque la tradición nos dice que él escribió muchos de ellos. Algunos estudiosos piensan que quizá él no haya escrito todos los salmos que se le atribuyen, porque la traducción del hebreo para "de" puede significar "por" o "para". Algunos de los salmos pueden haber sido escritos como un tributo a David en lugar de escritos por él.

Sin embargo, los expertos pueden identificar salmos particulares escritos claramente por él, como el Salmo 18. También se cree que David escribió los Salmos 72–127, que incluyen el salmo en el cual se enfoca nuestra lección. Otros autores de los salmos pudieron haber sido Moisés, Salomón y Asaf, junto con sacerdotes y levitas que los compusieron para la adoración.

Los salmos cubren una amplia gama de temas, desde arrepentimiento y confesión hasta venganza y victoria o festivales y profecías del Mesías.

El libro de los Salmos es el libro más largo de la Biblia. Fue compilado originalmente por un editor antiguo y desconocido, el cual reunió cinco colecciones individuales en una sola. Dado que los salmos eran usados en la adoración, algunos estudiosos especulan que el número cinco es significativo, creyendo que refleja un paralelo con los cinco primeros libros de la Biblia.

¡Los niños y las niñas a los cuales usted enseña piensan que los años cincuenta son historia antigua! Trate de hacerles comprender que estos salmos fueron escritos hace miles de años. Uno de los más recientes, el Salmo 137, fue escrito en el año 535 a.C., después de que los israelitas regresaran del cautiverio en Babilonia. Ayude a sus estudiantes a que comprendan lo maravilloso que es poder repetir las mismas palabras que la gente ha dicho por muchas generaciones. También ayúdeles a entender que en cualquier época, la gente ha escrito oraciones, cánticos y poesía. Hoy, ¡permita que sus estudiantes sientan la alegría que emana del lenguaje cuando adoren a Dios con el Salmo 100!

Podemos adorar a Dios con gozo.

Vistazo a la ZONA

ZONA	TIEMPO	MATERIALES	ACCESORIOS DE ZONA®
Acércate a la ZONA®			
Llegada	10 minutos	Transparencia 1, papel de china o de construcción, tijeras, pegamento, marcadores de felpa o crayones	ninguno
Un ruido alegre	5 minutos	enjuague bucal antibacterial, vasos	flautas de plástico
Zona Bíblica®			
Oraciones a Dios	5 minutos	fósforos, recipiente no inflamable, vara o cono de incienso	ninguno
Animados con música	5 minutos	Reproducible 5A, crayones	ninguno
¡Alégrate y canta!	5 minutos	Biblia, papel, crayones	flautas de plástico, maracas de plástico, pompones metálicos
¡Canta el versículo!	5 minutos	ninguno	botellas de burbujas con cara feliz, pompones metálicos
Rollo de la Escritura	5 minutos	Reproducible 5B, crayones o marcadores de felpa, cinta adhesiva, rollos empezados en la Lección 1 (opcional: hilo de tejer o cinta)	ninguno
Zona de Vida			
Canta y celebra	5 minutos	tocadiscos de discos compactos	disco compacto, pompones metálicos, maracas de plástico
Grabado en vivo	5 minutos	tocacintas, casete, tocadiscos de discos compactos	disco compacto
Refrigerio musical	5 minutos	variedad de bocadillos, tazones, tocadiscos de discos compactos	disco compacto
Agradecimiento con los cinco sentidos	5 minutos	Transparencia 2, marcadores de felpa o crayones, Biblia	ninguno

* Los Accesorios de Zona® se encuentran en el **Paquete de DIVERinspiración®**.

PRIMARIOS MENORES: LECCIÓN 5

Acércate a la

Escoja una o más actividades para capturar la atención de sus estudiantes.

Materiales:
Transparencia 1
papel de china o de construcción
tijeras
pegamento
marcadores de felpa o crayones

Accesorios de Zona®:
ninguno

Llegada

Prepare con anticipación el dibujo grande de la iglesia o las fotocopias individuales (**Transparencia 1**). Hoy sus estudiantes terminarán el proyecto arreglando el jardín de la iglesia. Harán flores y arbustos con cartulina de colores o papel de china para colocar en los cimientos del edificio. Pueden usar marcadores de felpa o crayones para hacer los tallos y hojas de las flores.

Según cada estudiante llegue, salúdele cantando con la melodía de "Feliz cumpleaños": "Alégrate y canta; alégrate y canta; alégrate y canta; alégrate y canta". Invíteles a crear un arbusto o algunas flores para plantar alrededor de la iglesia. Mientras trabajan, sugiera el tamaño apropiado para las plantas para que estén a escala con el edificio de la iglesia.

Diga: ¡Felicidades por construir la iglesia! ¡Su edificio se ve maravilloso! Terminamos el proyecto con plantas y flores porque sus colores, fragancias y formas nos dan alegría. Cuando venimos a la iglesia podemos adorar a Dios con gozo.

Materiales:
enjuague bucal antibacterial
vasos

Accesorios de Zona®:
flautas de plástico

Un ruido alegre

Prepare la actividad poniendo enjuague bucal antibacterial en vasos, uno por estudiante. Cada vez que un niño o una niña tenga un turno con una **flauta de plástico**, agite la boquilla de la flauta en el vaso, después tire el vaso. Use un vaso y el enjuague bucal una sola vez.

Diga: Es bueno tocar música y cantar cánticos a Dios porque nos ayuda a adorar con alegría. Cada uno tendrá un turno para hacer ruidos alegres con una flauta. Cuando cada persona tenga un turno, el resto de nosotros cantaremos "la, la, la".

Distribuya las cuatro flautas entre sus estudiantes. Permita que toquen las flautas. Mientras lo hacen, dirija al grupo cantando tonadas graciosas con "la, la, la". Recoja las flautas, límpielas agitando las boquillas y repártalas nuevamente.

Cuando todos hayan tocado las flautas, pídales a los niños que imiten los sonidos de las flautas con sus voces. Aplaudan con entusiasmo y exclamen, "Podemos adorar a Dios con gozo". Diga a los niños que la Palabra del Día es *canta*.

ZONA BÍBLICA®

Escoja una o más actividades para sumergir a sus estudiantes en la historia bíblica.

Oraciones a Dios

Nota: Antes de usar esta actividad, verifique si hay algún niño o alguna niña que sea sensible a fragancias.

Esta semana, sus estudiantes usarán el sentido del olfato según aprenden sobre el uso del incienso en tiempos bíblicos. Reúnales en un grupo. Enseguida pase una vara de incienso apagada para que la examinen y la huelan. Prenda la punta del incienso con un cerillo (fósforo), colocando el incienso en un recipiente seguro. Deje el incienso a la vista, de manera que pueda olerse y verse, pero que no lo puedan alcanzar.

Diga: Los israelitas usaron incienso como ofrenda fragante para Dios en el Templo. El incienso representaba las oraciones del pueblo judío, y era considerado como agradable a Dios. El incienso para la adoración se fabricaba con una combinación de sustancias incluyendo: estacte, gálbano e incienso puro, que se usaba para hacer un incienso especial para la adoración. Cuando adoramos a Dios, nosotros también disfrutamos de los olores agradables, como la fragancia de flores y velas. Las flores y velas en nuestro servicio de adoración son usadas para honrar a Dios. Estas cosas hermosas y fragantes nos ayudan a sentirnos alegres.

Materiales:
vara o cono de incienso
cerillos
recipiente no inflamable

Accesorios de Zona®:
ninguno

Animados con música

De antemano fotocopie el arpa (**Reproducible 5A**) para cada estudiante.

Entrégueles el rompecabezas del arpa junto con los crayones. Pida que usen el color amarillo para colorear los espacios con la letra "Y" y morado para colorear los espacios con la letra "P". Muy pronto su trabajo revelará un arpa de los tiempos bíblicos.

Diga: El arpa se menciona en la Biblia más veces que cualquier otro instrumento musical. Las arpas podían tener tan sólo tres cuerdas o tantas como doce. Dado que el arpa era generalmente un instrumento favorito de la gente adinerada, muchas arpas eran hechas de plata o marfil. Este instrumento creaba un sonido tranquilizante y celestial.

Pregunte: ¿Alguno de ustedes ha escuchado alguna vez el sonido de un arpa? ¿Qué pensaron de la música que producía? La música crea estados de ánimo; cambia nuestros corazones y nuestra mente. En nuestra adoración, la música nos ayuda a expresar nuestros sentimientos. La música puede ayudarnos a sentirnos gozosos cuando adoramos a Dios.

Invite a sus estudiantes a hablar acerca de sus instrumentos musicales favoritos y de sus himnos y cánticos cristianos favoritos.

Materiales:
Reproducible 5A
crayones

Accesorios de Zona®:
ninguno

PRIMARIOS MENORES: LECCIÓN 5

Historia de la Zona Bíblica

¡Alégrate y canta!

por Bárbara Younger

> Sus estudiantes responderán al Salmo 100 en tres maneras: cinéticamente (con movimiento), visualmente y auditivamente. Necesitará una Biblia, cinco hojas de papel por estudiante y crayones. También usará algunos de los Accesorios de Zona®: las flautas de plástico, las maracas de plástico y los pompones metálicos.

Comience leyendo el Salmo 100. Pida que se paren y que se sienten cada vez que escuchen la palabra Señor.

¡Canten al Señor con alegría,
habitantes de toda la tierra!
Con alegría adoren al Señor;
¡con gritos de alegría vengan a su presencia!
Reconozcan que el Señor es Dios;
él nos hizo y somos suyos;
¡somos pueblo suyo y ovejas de su prado!

Vengan a sus puertas, entren en su templo
cantando himnos de alabanza y gratitud.
¡Denle gracias, bendigan su nombre!
Porque el Señor es bueno;
su amor es eterno
y su fidelidad no tiene fin.

Cantaré

Cantaré, cantaré canciones al Señor.
Cantaré, cantaré canciones al Señor.
Cantaré, cantaré canciones al Señor.
¡Aleluya! ¡Gloria al Señor!

¡Alelu, aleluya! ¡Gloria al Señor!
¡Alelu, aleluya! ¡Gloria al Señor!
¡Alelu, aleluya! ¡Gloria al Señor!
¡Aleluya! ¡Gloria al Señor!

Tú y yo, tú y yo cantemos al Señor.
Tú y yo, tú y yo, unidos ante Dios.
Tú y yo, tú y yo cantemos al Señor.
Tú y yo cantemos al Señor.

¡Alelu, aleluya! ¡Gloria al Señor!
¡Alelu, aleluya! ¡Gloria al Señor!
¡Alelu, aleluya! ¡Gloria al Señor!
¡Aleluya! ¡Gloria al Señor!

LETRA: Max Dyer; trad. por Diana Beach.
MÚSICA: Max Dyer.
© 1974 Celebration; trad. © 2007 Celebration, admin. por The Copyright Company, Nashville, TN 37212.

Luego, reparta el papel y crayones. En hojas de papel aparte, permita que hagan un dibujo sencillo: una persona cantando, el globo terráqueo, una oveja, la silueta de una iglesia y, por último, un corazón. Diga a sus estudiantes que el corazón representa amor. Reúnales en un círculo. Pídales que reúnan sus dibujos y los pongan enfrente de ellos en el orden enlistado arriba (la persona cantando encima y el corazón abajo). Explique que usted dirá una palabra clave que hace pareja con su dibujo. Cuando usted diga esa palabra (con énfasis), los estudiantes levantarán el dibujo correspondiente. Lea el Salmo 100 nuevamente.

¡Canten al Señor con alegría,
habitantes de toda la **tierra**!
Con alegría **adoren** al Señor;
¡con gritos de alegría vengan a su presencia!
Reconozcan que el Señor es Dios;
él nos hizo y somos suyos;
¡somos pueblo suyo y **ovejas** de su prado!

Vengan a sus puertas, entren en su **templo**
cantando himnos de alabanza y gratitud.
¡Denle gracias, bendigan su nombre!
Porque el Señor es bueno;
su **amor** es eterno
y su fidelidad no tiene fin.

Finalmente, traiga las flautas, maracas y pompones y entréguelos a sus estudiantes. Esta vez usted alzará su mano como señal para que el grupo haga sonidos de alegría. Pídales que estén frente a usted mientras lee el Salmo 100 una vez más.

¡**Canten** al Señor con alegría,
habitantes de toda la tierra!
Con **alegría** adoren al Señor;
¡Con gritos de **alegría** vengan a su presencia!
Reconozcan que el Señor es Dios;
él nos hizo y somos suyos'
¡**somos** pueblo suyo y **ovejas** de su prado!
Vengan a sus puertas, entren en su **templo**
cantando himnos de **alabanza** y gratitud.

¡Denle gracias, **bendigan** su nombre!
Porque el Señor es bueno;
su amor es **eterno**
y su **fidelidad** no tiene fin.

Diga: Cuando adoramos al Señor, respondemos en pie llenos de alegría, vemos llenos de júbilo, cantamos y tocamos música con gozo. ¡Hay muchas maneras de adorar a Dios con alegría!

Escoja una o más actividades para sumergir a sus estudiantes en la historia bíblica.

Materiales:
ninguno

Accesorios de Zona®:
botellas de burbujas con cara feliz
pompones metálicos

¡Canta el versículo!

Divida a sus estudiantes en dos grupos. De a un grupo los pompones metálicos, y al otro las botellas de burbujas con cara feliz. (Es probable que usted tenga que abrir las botellas). Instruya al grupo a agitar los pompones cuando canten el versículo bíblico con usted con la melodía de "Feliz cumpleaños". Pida al otro grupo que haga burbujas de gozo durante la canción.

Canten: Alégrate y canta; alégrate y canta; alégrate y canta; alégrate y canta.

Intercambien los Accesorios de Zona® entre grupos. Pida al nuevo grupo que la (lo) acompañen cantando mientras agitan sus pompones. El otro grupo hará burbujas esta vez.

Pregunte: ¿Alguno de ustedes siente burbujas de emoción cuando su familia y amigos les cantan la canción de cumpleaños? ¿Por qué nos sentimos tan felices? *(Diversión con amigos, regalos, juegos, comida sabrosa).* **En la iglesia disfrutamos de la compañía de nuestras amistades, comemos buena comida, participamos en actividades interesantes, cantamos, oramos y jugamos. Ir a la iglesia trae cosas buenas a nuestra vida. Cada cosa buena en nuestra vida es un regalo de Dios. Queremos adorar a Dios porque apreciamos sus regalos.**

Materiales:
Reproducible 5B
crayones o marcadores de felpa
cinta adhesiva
rollos empezados en la Lección 1
opcional: hilo de tejer o cinta

Accesorios de Zona®:
ninguno

Rollos de la Escritura

Con tiempo de anticipación haga una fotocopia del **Reproducible 5B** para cada estudiante.

Entrégueles las copias del Reproducible 5B, y lean juntos el versículo bíblico. Pídales que coloreen la página. Explique que la primera letra tiene la ilustración de notas musicales porque *canta* es la palabra del día.

Diga: La historia bíblica de hoy fue el Salmo 100. Lo más seguro que este salmo fue escrito por el rey David, quien escribió muchos de los salmos usados en la adoración hebrea. El libro de los Salmos, el cual es el libro más largo de la Biblia, tiene miles de años de antigüedad. Los judíos han usado los salmos en su adoración por todos estos años. Como personas cristianas también usamos los salmos. Los salmos nos ayudan a adorar a Dios con gozo.

Terminen los rollos de la Escritura añadiendo la última hoja con cinta adhesiva. Deje que sus estudiantes los desenrollen y examinen todo su trabajo. Lea todos los versículos en los rollos y después pídales que los enrollen nuevamente para llevarlos a casa. Si quiere puede darles un pedazo de hilo de tejer o cinta para que aten sus rollos.

 **de Vida**

Escoja una o más actividades para que la Biblia cobre significado en la vida.

Canta y celebra

Enseñe a sus estudiantes el cántico "¡Saltar!" (**cántico 6 del disco compacto**). Reparta las **maracas de plástico**, los **pompones metálicos** y las **flautas de plástico**. Pídales que formen un círculo y que salten cada vez que el cántico diga "saltar". Cuando escuchen "clamar", deben sonar sus accesorios.

Materiales:
tocadiscos de discos compactos

Accesorios de Zona®:
disco compacto
pompones metálicos
maracas de plástico
flautas de plástico

Saltar

¡Saltar de gozo en él!
¡Saltar de gozo en él!
¡Saltar de gozo en él!
¡Saltar de gozo en él!

¡Saltar de gozo en él!
Que todo mundo aclame a Dios.
¡Saltar altísimo!
¡Que todos al cielo podamos llegar!

¡Saltar! ¡Saltar! ¡Saltar!

Yo siento que el Espíritu
su alegría me da.
Me hace saltar y gritar
de gozo en él clamar.

Lo siento en mis manos
y hasta en mi nariz
de mi cabeza hasta mis pies
el Espíritu en mí.

¡Saltar de gozo en él!
Que todo mundo aclame a Dios.
¡Saltar altísimo!
¡Que todos al cielo podamos llegar!

Yo siento que el Espíritu
su alegría me da.
Me dan ganas de aplaudir
de gozo en él clamar.

Lo siento en mis manos
y hasta en mi nariz
de mi cabeza hasta mis pies
el Espíritu en mí.

¡Saltar de gozo en él!
Que todo mundo aclame a Dios.
¡Saltar altísimo!
¡Que todos al cielo podamos llegar!

Yo siento que el Espíritu
su alegría me da.
Me hace con mis pies danzar
de gozo en él clamar.

Lo siento en mis manos
y hasta en mi nariz
de mi cabeza hasta mis pies
el Espíritu en mí.

¡Saltar! ¡Saltar! ¡Saltar!

¡Sal-tar sal-tar sal-tar!

LETRA: Pam Andrews; trad. por Diana Beach.
MÚSICA: Pam Andrews; arr. por John DeVries.
© 2002 Pilot Point Music; trad. © 2007 Pilot Point Music (ASCAP). Todos los derechos reservados.
Admin. por The Copyright Co., Nashville, TN 37212.

ZONA de ZONA

Escoja una o más actividades para que la Biblia cobre significado en la vida.

Materiales:
tocacintas
casete
tocadiscos de disco
 compactos

Accesorios de Zona®:
disco compacto

Grabado en vivo

Diga: Nuestra Palabra del Día es canta. **Cuando cantan en la iglesia, ustedes alaban a Dios con gozo.** *(Grabe a sus estudiantes cantando. Practique cantando cada cántico con el disco compacto. Prenda la grabadora de casetes y pídales que canten de nuevo. Toque la grabación para que la disfruten).*

Materiales:
variedad de
 bocadillos
tazones
tocadiscos de discos
 compactos

Accesorios de Zona®:
disco compacto

Refrigerio musical

Coloque bocadillos pequeños como chocolate cubierto de dulce, pasitas, bolitas de cereal o palomitas de maíz en tazones. Alinee los tazones a lo largo de la mesa. Pida a sus estudiantes que formen un círculo alrededor de la mesa y que caminen en el sentido de las manecillas del reloj alrededor de la mesa mientras usted pone la música del disco compacto. Cuando la música pare, tienen que alcanzar un tazón, tomar unos cuantos bocadillos y comerlos. **Para prevenir que se ahoguen no deben correr, saltar o halarse unos a otros.**

Diga: Usamos música para añadir interés a nuestro tiempo de refrigerio. Himnos, canciones cristianas y otros tipos de música aumentan el interés de nuestro servicio de adoración. Y cuando cantamos, aplaudimos y tocamos algún instrumento, la música nos envuelve a nosotros también. La música es una excelente manera de adorar a Dios con gozo.

Materiales:
Transparencia 2
marcadores de felpa
 o crayones
Biblia

Accesorios de Zona®:
ninguno

Con los cinco sentidos

Enseñe a sus estudiantes la Búsqueda de la Iglesia (Transparencia 2). Pídales que localicen la palabra del día *canta* en el buscapalabras. Pídales que lean las cinco palabras circuladas y que determinen si hay palabras que pasaron por alto.

Diga: Gracias por cantar y tocar los instrumentos musicales. ¡Me gustó su ruido de alegría! *(Invite a los niños y a las niñas a imitar sus acciones cuando los dirija en oración).*

Ore: Dios, gracias por las orejas; *(Señale las orejas)* **ojos;** *(Señale los ojos)* **narices;** *(Señale la nariz)* **bocas;** *(Señale la boca)* **y manos.** *(Levante las manos)* **Cuando escuchamos, vemos, olemos, probamos y tocamos, experimentamos todas las cosas buenas alrededor de nosotros. Podemos adorar gozosos con nuestros sentidos. Amen.**

Envíe a casa la actividad Búsqueda de la Iglesia (si sus estudiantes trabajaron con dibujos individuales); los rollos de la Escritura; y el buscapalabras (si ésta fue una actividad individual).

Haga una copia de Zona Casera® para cada estudiante.

ZONA BÍBLICA

 # Casera para padres

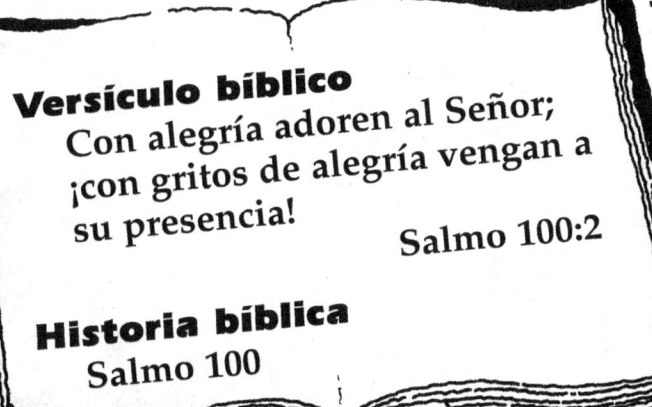

Versículo bíblico
Con alegría adoren al Señor; ¡con gritos de alegría vengan a su presencia!
Salmo 100:2

Historia bíblica
Salmo 100

¿Sabía usted que el libro de los Salmos es el libro más largo en la Biblia? ¿Ha considerado que es tan antiguo que uno de sus últimos escritos, el Salmo 137, data del año 535 a.C.? ¿Hubiera adivinado que probablemente Moisés escribió el Salmo 90? En el tiempo de Moisés los salmos eran usados por el pueblo hebreo. Los salmos hablan de arrepentimiento y confesión; venganza y victoria; festividades y profecías; eventos históricos y oraciones de esperanza, así como alabanza y agradecimiento a Dios. La lección de hoy se enfocó en venir a adorar con gozo. Su niño o su niña tendrá interés en otros temas que se cubren en los salmos. Lean juntos el Salmo 18:1-3 para pedir fortaleza y protección de Dios, el Salmo 32:1-2 para pedir perdón, y el Salmo 107:1-2 para acción de gracias. Ayúdele a aprender a leer los salmos cuando necesite consuelo y afirmación.

Adivina el cántico

¡Intente el divertido juego de adivinar canticos conocidos! Un miembro de la familia tarareará y el resto recordará el nombre del cántico. Empiece con cánticos bíblicos favoritos. Pida que un adulto demuestre cómo jugar tarareando unas notas de "Dios es amor" o "Ésta es mi pequeña luz". Después todos tendrán un turno.

Otras categorías pueden ser: canciones graciosas, clásicas de la televisión, canciones de Navidad o temas de películas.

Refrigerio de G-O-Z-O

Use gelatina, gajitos de naranja y yogur para hacer un refrigerio alegre para la familia. Necesitará un paquete de gelatina sabor naranja, una taza de gajitos de naranja o mandarina y una taza de yogur de limón o vainilla.

Vierta la gelatina en un tazón mediano. Añada 3/4 de taza de agua hirviendo. Revuelva hasta que la gelatina se disuelva. Vierta 1/2 taza de agua fría en una taza medidora y agregue cubos de hielo hasta que mida 1 1/2 tazas. Vierta el agua helada en la mezcla; revuelva hasta que empiece a cuajar. Retire los cubos de hielo que puedan quedar. Divida los gajitos de naranja en seis tazas para postre. Añada dos cucharadas de gelatina a cada taza. Coloque las tazas y la gelatina que queda en el tazón en el refrigerador a enfriar por una hora. Remueva del refrigerador. Revuelva el yogur con la gelatina del tazón con un batidor o tenedor. Con una cuchara, distribuya la mezcla en las tazas de postre en partes iguales. Enfríe por una hora más. ¡Sirva con una sonrisa gozosa!

Podemos adorar a Dios con gozo.

Permiso de fotocopiado otorgado para uso de la iglesia local. © 2007 Abingdon Press.

Arpa

Reproducible 5A

Rollo de la Escritura

Con alegría adoren al Señor; ¡con gritos de alegría vengan a su presencia! Salmo 100:2

Jesús en el Templo

Entra a la

Versículo bíblico
Al hombre que honra al Señor, él le muestra el camino que debe seguir.

Salmo 25:12

Historia bíblica
Lucas 2:41-52

Muchas de las historias bíblicas en esta unidad son del Evangelio de Lucas. Probablemente Lucas era un gentil bien educado y, de acuerdo al apóstol Pablo, era médico. En sus epístolas, Pablo se refiere a Lucas como un compañero de ministerio, así como un compañero de prisión en Roma. Personas estudiosas opinan que Lucas era un escritor talentoso que contaba historias con énfasis en sus personajes.

Lucas se enfocó en el Espíritu Santo de Dios, hablando acerca del Espíritu más que Mateo, Marcos o Juan. Él escribió que el Espíritu Santo estaba con Juan el Bautista desde su nacimiento; que el Espíritu Santo vino sobre María; y que Jesús fue llenado del Espíritu Santo después de su bautismo. Lucas enseñó que el Espíritu Santo es un regalo de Dios para aquellos que lo piden. Lucas enfatizó el bautismo enseñando que Jesús fue bautizado antes de escoger a sus discípulos. También destacó la importancia que la oración tenía para Jesús.

En la historia de hoy, Jesús a los doce años de edad y sus padres viajaron a Jerusalén para celebrar la Pascua. Cuando regresaban a casa, María y José se dieron cuenta que su hijo no estaba con ellos y lo buscaron por tres días. Encontraron a Jesús en el Templo, enfrascado en una discusión profunda e inteligente con los maestros de la ley. Jesús tenía admirados a todos y al mismo tiempo había preocupado a sus padres. Esta historia refleja el respeto que tenía Lucas por el conocimiento, ¡al mismo tiempo que muestra compasión por los padres del adolescente!

Sus estudiantes encontrarán interesante la historia de Jesús como niño; se asombrarán ante el problema que Jesús causó a sus padres. Ayúdeles a entender que la búsqueda de conocimiento fue la razón por la cual Jesús estaba extraviado. Lucas aclaró a sus lectores que después de este incidente, Jesús fue obediente a sus padres. Si Lucas pensó que valía la pena destacar eso, usted también puede subrayarlo con sus estudiantes de la Zona Bíblica.

Nuestra iglesia nos ayuda a aprender acerca de Dios.

Vistazo a la ZONA

ZONA	TIEMPO	MATERIALES	ACCESORIOS DE ZONA
Acércate a la ZONA			
Llegada	10 minutos	Transparencia 3, cartulina o papel para fotocopia, marcadores de felpa	ninguno
¡Qué mundo!	5 minutos	ninguno	pelota colorida de playa
Zona Bíblica			
Asómate y escoge	5 minutos	charola, toalla, libro de Zona Bíblica	pompones metálicos
Escuadrón divino	5 minutos	ninguno	maracas de plástico, pompones metálicos
Jesús en el Templo	5 minutos	Reproducible 6A, crayones, tijeras, cinta adhesiva	ninguno
Pepitas de oro	5 minutos	ninguno	bolsas de pepitas de oro
Bienvenidos	5 minutos	Reproducible 6B, crayones o marcadores de felpa	ninguno
Zona de Vida			
Canta y celebra	5 minutos	tocadiscos de discos compactos	disco compacto, pelota colorida de playa
Móvil del camino	5 minutos	Biblia, página 174, papel de construcción, marcadores de felpa, tijeras, engrapadora, pedazos de hilo de tejer de 12 pulgadas de largo, ganchos para colgar ropa	ninguno
Come las galletas	5 minutos	galletas de animalitos, jugo, vasos, servilletas	ninguno
Ora por el mundo	5 minutos	ninguno	ninguno

* Los Accesorios de Zona se encuentran en el **Paquete de DIVERinspiración**.

PRIMARIOS MENORES: LECCIÓN 6

Acércate a la

Escoja una o más actividades para capturar la atención de sus estudiantes.

Materiales:
Transparencia 3
cartulina o papel para fotocopia
marcadores de felpa

Accesorios de Zona®:
ninguno

Llegada

Antes de la clase, use la **Transparencia 3** (ICHTHUS) para hacer una ampliación para un cartel o haga una fotocopia para cada estudiante.

Salude a sus estudiantes diciendo, "Bienvenido(a), mi amigo(a) cristiano(a)". Si usted hizo un cartel, pídales que coloreen un pez y que firmen su nombre a un lado. Si está usando copias individuales, pida que escriba su nombre en la figura de un pez. Luego recoja las firmas del resto del grupo. Cuando todos hayan llegado y firmado, reúna al grupo para examinar la extraña palabra.

Diga: Esta palabra se pronuncia "ick-this". Es una palabra griega que significa "pez". También es un rompecabezas de palabras con un significado secreto. En griego la primera letra de las palabras *Jesús, Cristo, Hijo de Dios* **y** *Salvador* **deletrean pez.**

Enseñe a sus estudiantes las letras y palabras de la ilustración ICHTHUS.

Diga: El dibujo de un pez se convirtió en el símbolo secreto de las primeras personas cristianas. De esa manera se identificaban unas a otras. Aun ahora el símbolo del pez es un símbolo que los cristianos reconocen. La iglesia nos enseña acerca del símbolo de la cruz y el símbolo del pez. La iglesia nos ayuda a aprender acerca de Dios y de nuestra historia cristiana.

Materiales:
ninguno

Accesorios de Zona®:
pelota colorida de playa

¡Qué mundo!

Infle la **pelota colorida de playa**. Pida a los niños y a las niñas que se sienten formando un círculo en el piso. Alce la pelota de manera dramática.

Diga: Quiero que se familiaricen con la Pelota Hermosa, la cual será transformada cada semana a través del poder de nuestra imaginación. Hoy vamos a imaginas que la Pelota Hermosa es una pelota del planeta tierra, representando el mundo que Dios creó para nosotros. Quiero que tomen turnos rodando el planeta tierra rodando de uno al otro.

Cuando te toque la pelota dirás el nombre de tu animal favorito. Ruede la pelota a un niño para empezar el juego. Para rondas adicionales, pregunte al grupo sus frutas, flores, insectos o lugares (como montañas o la playa) favoritos. Después de la última ronda, levante la pelota nuevamente.

Diga: Ustedes han mencionado cosas maravillosas que Dios creó. La iglesia nos ayuda a aprender acerca de Dios.

Para ayudar a mantener el misterio de la Pelota Hermosa, ponga la pelota fuera del alcance cuando no la esté usando.

Escoja una o más actividades para sumergir a sus estudiantes en la historia bíblica.

Asómate y escoge

En cada lección de esta unidad, sus estudiantes jugarán un juego de detectives con los Accesorios de Zona® y con otros objetos relacionados con el tema de la lección. Antes de la clase, coloque tres **pompones metálicos** en una bandeja. Deje un espacio para este libro de Zona Bíblica. Cubra la bandeja con la toalla.

Pida a sus estudiantes que se sienten y que cubran sus ojos con sus manos. Deslice el libro en la bandeja y saque la bandeja. Pídales que abran sus ojos y pongan atención. Rápidamente quite la toalla y colóquela nuevamente sobre la bandeja.

Pregunte: ¿Qué objetos en la bandeja se veían iguales? ¿Qué vieron que no se parecía a los pompones?

Descubra la bandeja y retire su libro.

Pregunte: ¿Para qué usamos los pompones? *(para cantar, celebrar, jugar)* **¿Cómo se supone que debe usarse este libro?** *(para enseñar)* **¿Qué nos enseña este libro?** *(acerca de Dios, Jesús, la Biblia, la iglesia y nuestra fe cristiana)* **La iglesia nos ofrece materiales de enseñanza para ayudarnos a aprender acerca de Dios. En nuestra historia de hoy, Jesús va a su iglesia, el Templo, a aprender acerca de Dios.**

Enséñeles el índice y la lección en el libro Zona Bíblica. Explique que cada lección ha sido planeada, escrita y revisada cuidadosamente para ayudarles a aprender acerca de Dios. Diga que Jesús no tenía páginas de actividades divertidas, pero él iba a su iglesia a aprender de Dios.

Materiales:
bandeja (charola)
toalla
libro de Zona Bíblica

Accesorios de Zona®:
pompones metálicos

Escuadrón divino

Reparta los **pompones metálicos** y las **maracas de plástico**. Si es necesario, dos estudiantes pueden compartir un Accesorio de Zonas. Dirija al grupo en estas vivas (porras). Primero diga la porra, después invite a sus estudiantes a repetirla con usted mientras agitan sus pompones y maracas.

¡D-I-O-S, D-I-O-S! ¡Dios nos creó a ti y a mí! *(Repita)*.
¡D-I-O-S, D-I-O-S! ¡El amor de Dios será por siempre! *(Repita)*.
¡D-I-O-S, D-I-O-S! ¡La iglesia nos da la llave del aprendizaje! *(Repita)*.

Pregunte: ¿Qué deletrea "D-I-O-S"? ¿Por qué es Dios importante? *(Dios creo todo; Dios conoce todo, tiene toda la sabiduría, es todo poderoso; Jesús era el Hijo de Dios; Dios nos ama y nos cuida).* **Es bueno que entendamos que Dios es importante en nuestro diario vivir. Cuando venimos a la iglesia, aprendemos mucho acerca de Dios. ¡Tres porras para la iglesia!**

Materiales:
ninguno

Accesorios de Zona®:
pompones metálicos
maracas de plástico

PRIMARIOS MENORES: LECCIÓN 6

Historia de la Zona Bíblica

Jesús en el Templo

por Bárbara Younger

Haga una copia de los títeres para los dedos (**Reproducible 6A**) para cada estudiante.

Entrégueles las copias del reproducible, junto con crayones, tijeras y cinta adhesiva. Permita que coloreen y recorten los títeres de María, José y el niño Jesús. Conecte los títeres de cada lado con un pedazo de cinta adhesiva.

Pídales que se pongan los títeres en los dedos para que estén preparados para la representación. Dígales que muevan el títere de María.

Diga: Soy María, la madre de Jesús. Mi hijo tiene doce años.

Pídales que muevan el títere de José.

Diga: Soy José. ¡Jesús me asombra con su comprensión de las Escrituras!

Ahora pida a los niños y a las niñas que muevan el títere de Jesús.

Diga: Soy Jesús. ¡Estoy impaciente por ir a la gran ciudad y visitar el Templo!

Invite a sus estudiantes a participar en la representación haciendo que sus títeres se muevan cuando es su turno de hablar. Usted necesitará anunciar cuál personaje está hablando antes de decir su parte.

Primer acto

María: Parece que ha pasado mucho tiempo desde que venimos a Jerusalén.

José: Sí. Mi negocio de carpintería me da muchas razones para venir aquí, pero este viaje es especial porque es la fiesta de la Pascua.

Jesús: ¿Puedo hablar con mis amigos mientras caminamos a Jerusalén?

María: Por supuesto, pero cuando lleguemos a la ciudad, debes encontrarnos. Hay multitudes de gente por todos lados y no queremos separarnos.

Jesús: ¡O, madre! Ya no soy un niñito. ¡Te preocupas demasiado!

Segundo acto

María: ¡Los ocho días de la celebración de la Pascua fueron maravillosos!

José: Si, pero estoy listo para ir a casa.

María: ¿Has visto a Jesús? No quiero comenzar nuestro camino sin él.

José: Probablemente está con sus amigos. Seguramente sabe que nuestro grupo está por salir.

María: Hemos caminado por horas, y todavía no he visto a nuestro hijo. Por favor búscalo. Pide la ayuda de todos.

José: ¡María, debemos regresar a Jerusalén! ¡Nadie lo ha visto! Tenías razón.

Tercer acto

María: Hemos buscado a Jesús por todo Jerusalén por tres días. ¡No puedo dormir, comer o pensar en otra cosa más que en Jesús!

José: El único lugar donde no hemos buscado es dentro del Templo. Aquí es. Vamos a entrar.

María: Mira a la multitud reunida junto a los maestros de la ley. Vamos a pedirles ayuda.

José: Espera, María. Veo a Jesús con los maestros. Pienso que debemos observar y ver lo que está pasando.

María: ¡Alabado sea Dios! ¡Está a salvo!

José: Escucha las preguntas y respuestas de nuestro hijo. Está aprendiendo de los maestros de la ley, acerca de Dios.

María: ¡Oh! Todos están asombrados de lo mucho que sabe sobre Dios.

José: ¡Jesús! Ven con tus padres.

María: Hijo, ¿por qué nos has hecho esto? Hemos estado muy preocupados.

Jesús: ¿Por qué han estado buscándome? ¿No sabían que estaría en la casa de mi Padre?

María: No entiendo lo que dices, hijo.

José: Vamos a casa en Nazaret.

Jesús: Perdón por haberlos preocupado. Obedeceré a mis padres.

Epílogo: En los días que siguieron al viaje de la familia. María continuó meditando en Jesús en el Templo. A medida que pasaba el tiempo, Jesús se iba tornando más sabio y fuerte. Dios estaba complacido con Jesús.

Escoja una o más actividades para sumergir a sus estudiantes en la historia bíblica.

Materiales:
ninguno

Accesorios de Zona®:
bolsas de pepitas de oro

La pepita de oro

En cada sesión, las pepitas de oro de la historia ayudarán a sus estudiantes a repasar la historia y a comprender el punto más importante.

Pregunte: ¿Alguna vez han buscado oro con una batea? En la parte oeste de nuestro país, mucha gente buscaba oro. Usaban una batea para sacar tierra de la orilla del río, la enjuagaban y la agitaban. La tierra se escurría por la malla en el fondo de la batea. Lo que quedaba eran rocas pequeñas y los mineros buscaban oro entre estas piedritas. Por lo general, ¡tomaba mucho tiempo para encontrar una pepita de oro! Cuando las gentes hablan acerca de una verdad como pepita de oro, quieren decir que esa información es valiosa porque ha sido escogida entre información que no era tan importante. En las lecciones de esta unidad, buscaremos las pepitas de oro de nuestra historia.

Pase las dos bolsas de pepitas alrededor del grupo, e invite a cada estudiante a tomar unas cuantas piezas de "oro". Explique que estas son las pepitas de oro de la historia. Tome unas cuantas pepitas en su mano; cierre la mano y sacuda ligeramente. Pida que los niños y la niñas le imiten. Cada vez que haga una pregunta, sacuda las pepitas de oro de la historia y pida a sus estudiantes que sacudan las suyas también.

Pregunte: ¿Por qué la familia de Jesús fue a Jerusalén? *(porque iban a la fiesta de la Pascua)* **¿Cuándo se dieron cuenta los padres de Jesús que él se había extraviado?** *(en su camino a casa)* **¿Dónde encontraron a Jesús?** *(en el Templo)* **¿Por qué estaba hablando con los maestros?** *(para aprender más de Dios)* **¿Cuál es la pepita de oro más grande de nuestra historia?** *(Jesús quería aprender más acerca de Dios).*

Pídales que agiten sus pepitas de oro de la historia mientras usted repite la pepita de oro con ellos: "Jesús quería aprender más de Dios".

Diga: Cuando venimos a la iglesia, la iglesia nos ayuda a aprender más de Dios *(Pida a sus estudiantes que devuelvan sus pepitas de oro a las bolsas)*

Materiales:
Reproducible 6B
crayones o marcadores de felpa

Accesorios de Zona®:
ninguno

Bienvenidos

Antes de la clase, fotocopie una tarjeta de bienvenida (**Reproducible 6B**) para cada estudiante.

Reparta las tarjetas junto con los crayones. Explique que estas tarjetas serán dobladas y enviadas a personas que visitan la iglesia. Lea a sus estudiantes el versículo bíblico de hoy. Pídales que lo repitan con usted.

Diga: Queremos animar a la gente a que encuentre el camino a nuestra iglesia. Venir a la iglesia nos ayuda a aprender acerca de Dios y nos ayuda a encontrar los caminos correctos para vivir nuestras vidas. Dios quiere mostrarnos estos caminos correctos. ¡Vamos a animar a los visitantes haciendo hermosas tarjetas de bienvenida!

 de Vida

Escoja una o más actividades para que la Biblia cobre significado en la vida.

Canta y celebra

Enseñe a sus estudiantes el cántico "Venid, cantemos"(**cántico 8 del disco compacto**) y diríjales cantando el cántico varias veces.

Saque la pelota **colorida de playa**. Pida que los niños y a las niñas que formen un círculo.

Diga: ¿Recuerdan a nuestra amiga, la Pelota Hermosa? Hoy, nuestra Pelota Hermosa se transformó en la pelota del planeta Tierra y nos ayudó a mencionar cosas increíbles y maravillosas creadas por Dios en nuestra tierra.

Pídales que pasen la pelota alrededor del círculo y que canten el cántico "Venid, cantemos".

Materiales:
tocadiscos de discos compactos

Accesorios de Zona®:
disco compacto
pelota colorida de playa

Venid, cantemos

Venid, cantemos
al Señor.
Venid, cantemos
al Señor.
Venid, cantemos
al Señor
con alegría.
Venid, cantemos
al Señor con alegría.

¡Oh, qué bueno, bueno es Dios!
¡Oh, cuán grande es su amor!
Si algo necesito, Dios me lo da.
¡Qué bueno es el Señor!

LETRA: Raquel M. Martínez, basado en Salmo 95:1-7.
MÚSICA: Raquel M. Martínez.
© 1992 Abingdon Press, admin. por The Copyright Co., Nashville, TN 37212.

Cantaré

Cantaré, cantaré canciones al Señor.
Cantaré, cantaré canciones al Señor.
Cantaré, cantaré canciones al Señor.
¡Aleluya! ¡Gloria al Señor!

¡Alelu, aleluya! ¡Gloria al Señor!
¡Alelu, aleluya! ¡Gloria al Señor!
¡Alelu, aleluya! ¡Gloria al Señor!
¡Aleluya! ¡Gloria al Señor!

Tú y yo, tú y yo cantemos al Señor.
Tú y yo, tú y yo, unidos ante Dios.
Tú y yo, tú y yo cantemos al Señor.
Tú y yo cantemos al Señor.

¡Alelu, aleluya! ¡Gloria al Señor!
¡Alelu, aleluya! ¡Gloria al Señor!
¡Alelu, aleluya! ¡Gloria al Señor!
¡Aleluya! ¡Gloria al Señor!

LETRA: Max Dyer; trad. por Diana Beach.
MÚSICA: Max Dyer.
© 1974 Celebration; trad. © 2007 Celebration, admin. por The Copyright Company, Nashville, TN 37212.

de Vida

Escoja una o más actividades para que la Biblia cobre significado en la vida.

Materiales:
Biblia
página 174
papel de construcción
marcadores de felpas
tijeras
engrapadora
pedazos de hilo de tejer de 12 pulgadas de largo
ganchos para colgar ropa

Accesorios de Zona®:
ninguno

Móvil del camino

Antes de la clase, fotocopie la hoja del versículo bíblico (página 174) para cada estudiante, después engrape cada copia en una hoja de papel de construcción.

Levante la Biblia. Diga el versículo: "Al hombre que honra al Señor, él le muestra el camino que debe seguir" (Salmo 25:12). Pida a sus estudiantes que lo repitan. Forme parejas y dé a cada niño y niña una hoja de papel de construcción y un marcador de felpa. Pida que las parejas tomen turnos trazando los pies de cada uno. Permítales recortar las figuras y colorear las letras de las palabras *camino correcto*. Mientras trabajan, engrape el hilo de tejer al dedo grande de cada huella. Ayúdeles a engrapar los extremos del hilo de tejer de los pies a la parte inferior de su hoja del versículo bíblico y pegue con cinta adhesiva la hoja del versículo bíblico a la parte inferior de un gancho para colgar ropa.

Diga: Paso a paso, aprendemos acerca de Dios y acerca de los caminos correctos. ¿Qué pasa cuando nos vamos por el camino equivocado? *(Nos perdemos).* **¿Qué pasa cuando vamos por el camino correcto?** *(Llegamos a donde queremos ir).* **La iglesia nos ayuda a encontrar el camino correcto cuando aprendemos acerca de Dios.**

Materiales:
galletas de animales
jugo
vasos
servilletas

Accesorios de Zona®:
ninguno

Come las galletas

Sirva galletas de animales y jugo.

Diga: Dios creó los animales, estos son algunos de sus animales favoritos. La historia de la creación se encuentra en el libro de Génesis, el cual es el primer libro de la Biblia. Escuchamos esta historia y muchas historias hermosas de la Biblia en la iglesia.

Materiales:
ninguno

Accesorios de Zona®:
ninguno

Ora por el mundo

Cada actividad de oración final en esta unidad contendrá una señal manual que usted enseñará a los niños y a las niñas. Hoy pídales que junten sus manos como una bola, representando el mundo.

Diga: La iglesia nos ayuda a aprender acerca de Dios. Hoy aprendimos que Dios creó el mundo y todo lo que en él hay. Imaginemos que sus manos juntas simbolizan el mundo. Miren a su mundo mientras oramos.

Ore: Dios, te alabamos como Creador del mundo y por todo lo que amamos de nuestro mundo. Enséñanos el camino correcto mientras vivimos en tu mundo. Amén.

Pídales que exclamen "¡Amén!" mientras alzan sus mundos en el aire.

Haga una copia de Zona Casera® para cada estudiante.

 # Casera para padres

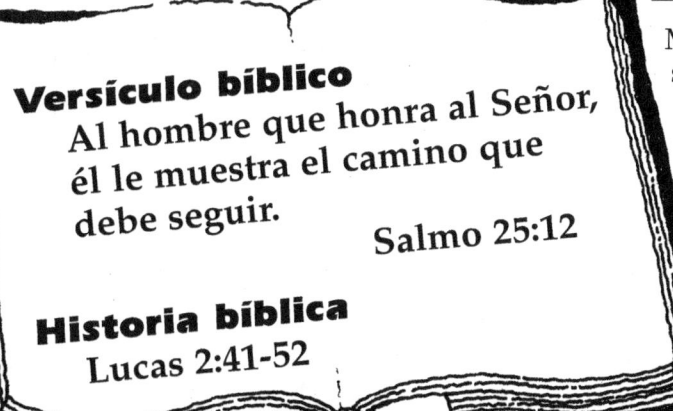

Versículo bíblico
Al hombre que honra al Señor, él le muestra el camino que debe seguir.
Salmo 25:12

Historia bíblica
Lucas 2:41-52

Muchas de las lecciones en las siguientes ocho semanas son tomadas del Evangelio de Lucas. ¿Quién era Lucas? Él estaba en el ministerio con Pablo y viajaba con él. Ambos fueron perseguidos por sus creencias y encarcelados juntos en Roma. Lucas, quien seguramente era gentil, era un hombre educado con un conocimiento excelente del griego. Pablo describió a Lucas como médico. El interés de Lucas por la gente y su compasión por sus situaciones particulares, hacen que la narración de sus historias cobre vida. En la historia de hoy Lucas describe a Jesús como un niño de doce años y brillante, al mismo tiempo deja saber a los lectores que el comportamiento de Jesús preocupó a sus padres terriblemente cuando se desapareció por tres días. Enfatice a su hijo o a su hija que luego de este evento, Jesús obedeció a su papá y a su mamá, y se comportó sabiamente.

Tarjetas de animales para reservar lugares

Con revistas viejas, tarjetas bibliográficas o papel de construcción de colores, tijeras y pegamento, ayude a su hijo o a su hija a hacer tarjetas de animales para reservar lugares para los miembros de la familia y cualquier invitado. Escriba el nombre de cada persona en la tarjeta y ¡sorprenda a sus comensales con una decoración llena de color identificando sus lugares!

Galleta grande del mundo

La iglesia nos ayuda a aprender acerca de Dios, el Creador del mundo. ¡Celebre con una galleta grande del mundo!

Con masa refrigerada para galletas de azúcar y colorante vegetal azul y verde, cree el hemisferio occidental del mundo. Coloque la mitad de la masa en una bolsa plástica que se pueda sellar, junto con una generosa cantidad de colorante vegetal verde. Déle la masa a su hijo o a su hija para que aplaste hasta que el color se integre completamente. Ponga el resto de la masa en otra bolsa, junto con una cantidad grande de colorante vegetal azul. Mezcle como lo hizo anteriormente.

En una bandeja (charola) para galletas engrasada o una bandeja para pizza, trate de formar los continentes de Norte y Sur América (quizás necesite sacar un mapa o globo terráqueo como referencia), usando la masa verde. Llene los océanos de alrededor de los continentes con la masa azul. Hornee de acuerdo a las direcciones del paquete. Cuando esté listo, canten "Venid, cantemos" antes de servir la galleta grande del mundo.

Nuestra iglesia nos ayuda a aprender acerca de Dios.

Permiso de fotocopiado otorgado para uso de la iglesia local. © 2007 Abingdon Press.

Títeres de la historia para los dedos

Reproducible 6A

Permiso de fotocopiado otorgado para uso de la iglesia local. © 2007 Abingdon Press.

Zona Bíblica

Tarjetas de bienvenida

Primarios Menores: Lección 6 — **Reproducible 6B**

Jesús en la sinagoga

Entra a la ZONA

Versículo bíblico
Y Jesús seguía creciendo en cuerpo y mente, y gozaba del favor de Dios y de los hombres.
Lucas 2:52

Historia bíblica
Lucas 4:16-30; Mateo 13:54-58; Marcos 6:1-6

La palabra *sinagoga* significa "asamblea" o "lugares de reunión". La sinagoga se originó cuando los judíos se dispersaron alrededor del mundo antiguo, e imposibilitados de adorar en el Templo en Jerusalén, necesitaban reunirse para escuchar la Escritura, orar y mantener viva su fe. La sinagoga se convirtió en el lugar de adoración, salón de justicia, centro de la educación religiosa y centro social. En fin, era el corazón de la comunidad.

Los arqueólogos han descubierto lo que ellos consideran la sinagoga más antigua del mundo en Alejandría, Egipto. Fue dedicada a Tolomeo III, uno de los catorce reyes griegos que gobernaron a Egipto. Él gobernó del 246 al 221 a.C., y sus súbditos en Alejandría incluían a una gran población judía. En la Tierra Santa, la sinagoga más antigua de la cual se tenga conocimiento se encuentra en Masada, cerca del Mar Muerto y data del año 300 a.C. En el tiempo en que Jesús comenzó su ministerio, las tradiciones y estructura de la sinagoga estaban profundamente engranadas a la cultura judía.

Las sinagogas eran tan populares que incluso los pequeños poblados como Nazaret las tenían. La organización de la sinagoga requería la presencia de un quórum de hombres judíos. Los oficiales de las sinagogas incluyen los ancianos; uno o más gobernantes (designados por los ancianos); un ministro o ayudante (que enseña a leer, distribuye castigos y limpia el edificio); y un delegado (escogido por el gobernante por rotación para leer y comentar la Escritura y dirigiendo la oración).

En la historia de hoy, Jesús era el delegado cuando asombró a la congregación diciendo que en él se había cumplido la profecía de Isaías. Sus estudiantes encontrarán extraño que la gente en esta sinagoga tuviera que ser informada que Jesús era el Mesías, o que su reacción fuera negativa. El libro de Isaías, del cual leía Jesús, describe al Mesías como "el siervo sufriente de Dios". La historia dará a sus estudiantes una idea del sufrimiento que Jesús experimentó en su propia comunidad y con su propia gente.

Nuestra iglesia nos ayuda a aprender acerca de Jesús.

Vistazo a la

ZONA	TIEMPO	MATERIALES	ACCESORIOS DE ZONA®
Acércate a la ZONA®			
Llegada	10 minutos	bandeja (charola) para tarta, ½ taza de arena, Transparencia 3	ninguno
Deletreando	5 minutos	ninguno	dos pelotas coloridas de playa
Zona Bíblica®			
¡Están escondidos!	5 minutos	bandeja, toalla, Biblia	flautas de plástico
Come el refrigerio	5 minutos	uvas sin semilla o paquetes de pasitas, queso cortado en forma de cubos o tiras de queso, galletas, servilletas, canasta o bolsa	ninguno
Recrear la multitud	5 minutos	Reproducible 7A, crayones, tijeras, engrapadora, papel	ninguno
Jesús y la multitud alborotadora	5 minutos	títeres	ninguno
La pepita de oro	5 minutos	ninguno	bolsas de pepitas de oro
¡Esto es lo que sé!	5 minutos	ninguno	peluches con brazos largos
Zona de Vida			
Canta y celebra	5 minutos	tocadiscos de discos compactos	disco compacto
Sabio y con fortaleza	5 minutos	Biblia	ninguno
Marca ese nombre	5 minutos	Reproducible 7B, crayones, tijeras	ninguno
Despedida	5 minutos	ninguno	ninguno

* Los Accesorios de Zona® se encuentran en el **Paquete de DIVERinspiración®**.

Acércate a la ZONA

Escoja una o más actividades para capturar la atención de sus estudiantes.

Materiales:
Transparencia 3
bandeja (charola) para tarta
½ taza de arena

Accesorios de Zona®:
ninguno

Llegada

Antes de la clase, vacíe la arena en la bandeja para tarta (o en otro plato poco profundo). Golpee suavemente la bandeja con la palma de su mano para asentar los granos de arena en el fondo del plato. Con su dedo, practique el dibujo del pez en la arena. Use como referencia la **Transparencia 3 (ICHTHUS)** para el símbolo del pez. Coloque la bandeja en una mesa o silla cerca de la puerta.

Mientras llegan sus estudiantes, colóquese usted junto a la bandeja (charola). Salúdeles en un susurro.

Diga: Estar aquí puede ser peligroso. Vamos a enseñarnos unos a otros el símbolo secreto para identificarnos como cristianos. Para mostrar que soy cristiano voy a dibujar el símbolo de un pez. (*Dibuje el símbolo en la bandeja para que cada estudiante lo vea y después sacuda la bandeja para borrarlo*). **¡Hola, cristianos y cristianas! ¡Me alegro de que estés aquí!**

Cuando el grupo esté completo, dibuje el símbolo en el plato enfrente de la clase. Repase las razones por las que las personas cristianas usaban el símbolo del pez, usando como referencia la Transparencia 3 (ICHTHUS).

Diga: Nos llamamos cristianos porque somos seguidores de Jesucristo. Por supuesto, los seguidores de Jesús querían aprender más de él. La iglesia nos ayuda a aprender más acerca de Jesús.

Materiales:
ninguno

Accesorios de Zona®:
dos pelotas coloridas de playa

Deletreando

Diga: ¿Se acuerdan que usamos la pelota hermosa la semana pasada? Hoy usaremos nuestra imaginación para transformar la pelota hermosa en la pelota para deletrear. Vamos a deletrear el nombre *Jesús*. **Repitan después de mí: J-E-S-Ú-S.**

Pida a sus estudiantes que puestos en pie formen un círculo. Una pelota colorida de playa se tira alrededor del círculo. Cada vez que se tira la pelota, cada uno dirá una letra del nombre de Jesús: J-E-S-Ú-S. Repita varias veces.

Cuando parezca que los niños y las niñas han aprendido el juego, saque la segunda pelota de playa. Explique que la Pelota Hermosa tiene una gemela que también quiere deletrear. Divida a la clase en dos círculos, dé a cada uno su propia pelota para deletrear y juegue nuevamente. Después de algunos minutos de deletrear recoja las pelotas.

Diga: ¡Como podrán adivinar, J-E-S-Ú-S, Jesús, es el enfoque principal de la lección de hoy!

Escoja una o más actividades para sumergir a sus estudiantes en la historia bíblica.

¡Están escondidos!

Coloque las tres **flautas de plástico** y la Biblia en una bandeja fuera del alcance de sus estudiantes. Pídales que formen una línea y que permanezcan callados mientras tienen su turno para tocar los objetos cubiertos.

Pregunte: ¿Cuántos objetos hay debajo de la toalla? ¿Cuántos objetos iguales hay? *(tres)* **¿Qué crees que son?** *(flautas)* **¿Puedes adivinar qué objeto es diferente?** *(un libro)*

Descubra la bandeja. Indique que el libro es la Biblia. Abra la Biblia en el Antiguo Testamento.

Diga: En nuestra historia de hoy, Jesús leyó en voz alta a la gente las Escrituras en la sinagoga. El Antiguo Testamento fue escrito antes del nacimiento de Jesús. *(Abra la Biblia en el Nuevo Testamento).* **El Nuevo Testamento nos habla de la historia de Jesús y los primeros cristianos que creyeron en él. Nuestra historia de hoy es del Nuevo Testamento.**

Materiales:
bandeja (charola)
toalla
Biblia

Accesorios de Zona®:
flautas de plástico

Come el refrigerio

Pregunte: ¿Pueden adivinar qué tipo de comidas le gustaba a Jesús? Él no tenía papas fritas o helado, pero algunas de las comidas que disfrutamos hoy también existían en los días bíblicos. Jesús pudo haber comido frutas secas, pan aplanado, yogur y nueces. Jesús caminaba de pueblo en pueblo y quizá empacaba una merienda. Disfruten su merienda de los tiempos bíblicos y recuerden que la iglesia nos ayuda a aprender acerca de la vida de Jesús. *(Traiga la canasta o bolsa que contiene la merienda. Invite a sus estudiantes a desempacarla y a servirse ellos mismos).*

Materiales:
uvas sin semilla o paquetes de pasitas
queso cortado en forma de cubos o tiras de queso
galletas
servilletas
canasta o bolsa

Accesorios de Zona®:
ninguno

Recrea la multitud

Antes de la clase, fotocopie para cada estudiante las marionetas para las manos (**Reproducible 7A**). Recorte las hojas por la mitad para separar la figura de Jesús de la multitud.

Permítales colorear los dibujos. Mientras trabajan, recorte por el medio hojas de papel en blanco. Cuando vayan terminando, pida que engrapen sus hojas en blanco a la parte posterior de sus dibujos. Engrape en las orillas, dejando la parte inferior abierta para formar guantes que puedan deslizar sobre sus manos.

Diga: Cuando Jesús comenzó su ministerio, visitó la iglesia del pueblo donde creció, la cual se llamaba sinagoga. Él leyó de la Escritura para decirle a la gente que él era el Mesías. Las cosas no salieron bien, como oirán más adelante.

Materiales:
Reproducible 7A
crayones
tijeras
engrapadora
papel

Accesorios de Zona®:
pompones metálicos
maracas de plástico

PRIMARIOS MENORES: LECCIÓN 7

Historia de la Zona Bíblica

Jesús y la multitud alborotadora

por Bárbara Younger

Pida a sus estudiantes que se pongan los títeres en las manos. Cuando usted lea la pregunta, la clase deberá alzar sus marionetas de la multitud alborotadora. Cuando usted lea la respuesta de Jesús, alzarán su marioneta de Jesús. Después de unas cuantas líneas de preguntas y respuestas, se acostumbrarán al ritmo del diálogo.

Pregunta:
¿Hacia dónde caminas, Jesús?

Respuesta:
Camino, camino, camino. Estoy caminando a Nazaret, el pueblo donde crecí.

Pregunta:
¿Adónde irás en Nazaret, Jesús?

Respuesta:
Voy, voy, voy. Voy a un lugar de reunión, nuestra sinagoga, para el día de reposo.

Pregunta:
¿Adorarás allí, Jesús?

Respuesta:
Adoraré, adoraré, adoraré. Sí, el líder de adoración quiere que yo lea de las Escrituras.

Pregunta:
¿Qué leerás, Jesús?

Respuesta:
Leeré, leeré, leeré. Leeré del libro de Isaías:
"El Espíritu del Señor está sobre mí,
porque me ha consagrado
para llevar la buena noticia a los pobres;
me ha enviado a anunciar libertad a los presos
y dar vista a los ciegos;
a poner en libertad a los oprimidos;
a anunciar el año favorable del Señor".

Pregunta:
¿Qué dice el profeta acerca de Jesús?

Respuesta:
Dice, dice, dice. Isaías dice que el Mesías viene a salvar a la gente.

Pregunta:
¿Sabes quién es el Mesías, Jesús?

Respuesta:
Sé, sé, sé. Sé que el Mesías soy yo.

Pregunta:
¿Por qué todos te están mirando, Jesús?

Respuesta:
Mirando, mirando, mirando. Me están mirando, a alguien que conocen desde niño. Se están preguntando si realmente puedo ser el Mesías.

Pregunta:
¿Por qué nuestra congregación está emocionada?

Respuesta:
Emocionada, emocionada, emocionada. Están emocionados porque han escuchado las cosas buenas que he hecho en otros lugares. Quieren que yo salve a todos en Nazaret ahora mismo.

Pregunta:
¿Por qué no los puedes salvar, Jesús?

Respuesta:
Salvar, salvar, salvar. No puedo salvarlos porque una persona que ha sido enviada por Dios, como yo, nunca ha sido aceptada por la gente en su propio pueblo.

Pregunta:
¿Ellos no entienden, Jesús?

Respuesta:
Entienden, entienden, entienden. No, ellos no entienden. Traté de explicar, pero ellos están tan enojados que quieren hacerme daño.

Pregunta:
¿Por qué te están arrastrando afuera, Jesús?

Respuesta:
Arrastrando, arrastrando, arrastrando. ¡Me están arrastrando al barranco! ¡Ellos quieren que muera!

Pregunta:
¿Estás vivo todavía, Jesús?

Respuesta:
Vivo, vivo, vivo. Todavía estoy vivo.

Pregunta:
¿Cómo te escapaste del barranco, Jesús?

Respuesta:
Escapé, escapé, escapé. Soy joven y fuerte. Me liberé y me perdí en la multitud.

Pregunta:
¿Qué sigue ahora, Jesús?

Respuesta:
Sigue, sigue, sigue. Tengo mucho trabajo por hacer como el escogido de Dios. Mi ministerio apenas ha comenzado.

Escoja una o más actividades para sumergir a sus estudiantes en la historia bíblica.

Materiales:
ninguno

Accesorios de Zona®:
bolsas de pepitas de oro

La pepita de oro

Pase las dos **bolsas de pepitas** de oro alrededor del grupo, invitando a cada estudiante a tomar unas cuantas pepitas de "oro" en sus manos. Explique que estas son las pepitas de oro de la historia. Tome unas cuantas pepitas en su mano. Cada vez que haga una pregunta, sacuda sus pepitas de oro de la historia y pida que los niños y las niñas sacudan las suyas.

Pregunte: ¿Qué hizo Jesús en Nazaret? *(visitar la iglesia donde creció)* **Jesús usó la Escritura para decirle a la gente algo importante. ¿Qué les dijo?** *(qué él era el Mesías)* **¿Qué quiso hacer la gente con Jesús?** *(tirarlo por un barranco)* **¿Cómo escapó Jesús?** *(Se escondió entre la multitud).* **¿Qué es más importante, que Jesús haya regresado al pueblo donde creció o que haya anunciado que él era el Mesías?** *(que Jesús anunció que era el Mesías).*

Pida a sus estudiantes que agiten sus pepitas de oro de la historia mientras usted repite la pepita de oro con ellos "Jesús anunció que él era el Mesías".

Diga: La iglesia nos ayuda a aprender muchas cosas acerca de Jesús. Esta historia nos hace comprender que Jesús es el Mesías, nuestro Salvador. La enseñanza más importante de la iglesia es que Jesús es nuestro Salvador.

Pida que devuelvan las pepitas de oro a las bolsas.

Materiales:
ninguno

Accesorios de Zona®:
peluches con brazos largos

¡Esto es lo que sé!

Forme dos filas de estudiantes mirándose unos a otros. Si hay un número impar, usted jugará con ellos. Los niños y las niñas trabajarán con la persona que esté enfrente.

Entregue un **peluche con brazos largos** a cada estudiante en el extremo de las filas. Pida que hagan hablar a sus animales de peluche como si fueran títeres. Pida al niño o a la niña de la fila uno que le pregunte a su animal, "¿Me puedes decir algo acerca de Jesús?" Anime al niño o a la niña de la fila dos que haga que su animal conteste. Ahora el niño o la niña de la fila dos hará que su animal pregunte, "¿Me puedes decir algo acerca de Jesús?" Y su estudiante de la fila uno hará que su animal conteste. Cuando los primeros estudiantes de la fila hayan tenido su turno, pasarán los animales a los estudiantes que estén a su lado. Déles una pista si tienen problemas para pensar en cosas acerca de Jesús. Cuando los animales hayan pasado a lo largo de las filas, recójalos.

Diga: Ustedes saben muchas cosas acerca de Jesús. ¡Estoy muy alegre de que la iglesia les ayuda a aprender acerca de él!

 de Vida

Escoja una o más actividades para que la Biblia cobre significado en la vida.

Canta y celebra

Enseñe a sus estudiantes el cántico "¡A cantar!" (**pista 9 del disco compacto**). Guíeles cantando nuevamente. Esta vez, cuando el cántico diga "a danzar", sus estudiantes se deberán poner de pie; y cuando diga "cantar", se deberán sentar.

Finalmente, diríjales cantando cánticos favoritos como "Cristo me ama" y "Cristo ama a los niñitos".

Materiales:
tocadiscos de discos compactos

Accesorios de Zona®:
disco compacto

¡A cantar!

¡A cantar!
¡A danzar!
¡Nos ama Dios!

¡A cantar!
¡A danzar!
¡Nos ama Dios!

¡Alabad!
¡Bendecid!
¡Dios es amor!

¡Alabad!
¡Bendecid!
¡Dios es amor!

Día y noche,
¡nos ama Dios!

Día y noche,
¡nos ama Dios!

LETRA: Lois Horton Young; trad. por Jorge A. Lockward.
MÚSICA: Lois Horton Young.
© 1982 Graded Press; trad. © 1997 Cokesbury, admin. por The Copyright Co.,
Nashville, TN 37212.

Cantaré

Cantaré, cantaré canciones al Señor.
Cantaré, cantaré canciones al Señor.
Cantaré, cantaré canciones al Señor.
¡Aleluya! ¡Gloria al Señor!

¡Alelu, aleluya! ¡Gloria al Señor!
¡Alelu, aleluya! ¡Gloria al Señor!
¡Alelu, aleluya! ¡Gloria al Señor!
¡Aleluya! ¡Gloria al Señor!

Tú y yo, tú y yo cantemos al Señor.
Tú y yo, tú y yo, unidos ante Dios.
Tú y yo, tú y yo cantemos al Señor.
Tú y yo cantemos al Señor.

¡Alelu, aleluya! ¡Gloria al Señor!
¡Alelu, aleluya! ¡Gloria al Señor!
¡Alelu, aleluya! ¡Gloria al Señor!
¡Aleluya! ¡Gloria al Señor!

LETRA: Max Dyer; trad. por Diana Beach.
MÚSICA: Max Dyer.
© 1974 Celebration; trad. © 2007 Celebration, admin. por The Copyright
Company, Nashville, TN 37212.

 de Vida

Escoja una o más actividades para que la Biblia cobre significado en la vida.

Materiales:
Biblia

Accesorios de Zona®:
ninguno

Sabio y con fortaleza

Pónganse de pie, formando un círculo. Levante la Biblia. Permita que sus estudiantes repitan el versículo bíblico: "Y Jesús seguía creciendo en cuerpo y mente, y gozaba del favor de Dios y de los hombres" (Lucas 2:52). Haga el estiramiento de sabio y con fortaleza y diga "cuerpo, mente, espíritu" mientras sus dedos tocan sus sienes; muestre su musculatura en brazos y antebrazos flexionando los bíceps y cerrando los puños; y estire bien los brazos.

Pregunte: ¿Qué significa ser sabio? ¿Cuáles son algunas maneras de ser sabio? ¿Qué significa tener fortaleza? ¿Cuáles son algunas maneras de tener fortaleza? En la historia de hoy, Jesús fue sabio y tenía fortaleza. Usó su sabiduría y fortaleza mental para leer y entender la profecía de Isaías. Usó su fortaleza física para escapar de la multitud que lo arrastraba hacia el barranco. Jesús fue sabio y tenía una gran fortaleza.

Materiales:
Reproducible 7B
crayones o marcadores de felpa
tijeras

Accesorios de Zona®:
ninguno

Marca ese nombre

Fotocopie los marcadores (**Reproducible 7B**) y recórtelos para cada estudiante, antes de la clase.

Diga: Vamos a decorar los marcadores para que la gente los use en sus Biblias. El Nuevo Testamento en la Biblia se enfoca en la sabiduría y fortaleza que Jesús compartió con nosotros. A través del estudio de la Biblia, la iglesia nos ayuda a aprender acerca de Jesús. (Diga a sus estudiantes que pueden quedarse con un marcador y regalar los demás a personas en la iglesia.

Materiales:
ninguno

Accesorios de Zona®:
ninguno

Despedida

Reúna a la clase y pida que formen círculo. Enséñeles esta señal con la mano, que representa a Jesús: extienda una palma de la mano, y después use el dedo índice de la otra mano para dibujar una cruz en la palma abierta. Pídales que hagan la señal de la cruz en la palma de la persona a su derecha, y después a la persona a su izquierda. Pida que cierren sus ojos para orar.

Ore: Dios, hoy hemos hecho el símbolo de la cruz en nuestras manos para honrar la muerte y resurrección de Jesús. Nuestra iglesia honra a Jesús con el símbolo de la cruz. Estamos gozosos de que podemos venir a la iglesia a aprender acerca de él. Amén. (Cierre la oración pidiendo que hagan la señal de la cruz en sus palmas otra vez).

Haga una copia de Zona Casera® para cada estudiante en su clase.

ZONA BÍBLICA®

Casera para padres

Versículo bíblico
Y Jesús seguía creciendo en cuerpo y mente, y gozaba del favor de Dios y de los hombres.
Lucas 2:52

Historia bíblica
Lucas 4:16-30; Mateo 13:54-58; Marcos 6:1-6

Después de ser tentado, Jesús fue al pueblo donde creció, Nazaret. En el día de reposo fue a la sinagoga, donde fue escogido para leer del libro de Isaías. Jesús leyó "El Espíritu del Señor está sobre mí, porque me ha consagrado" (Lucas 4:18). Cuando terminó de leer, le dijo a la congregación que la profecía se había cumplido en él. La gente estaba en el principio emocionada, luego enojada cuando Jesús les dijo que no les daría trato especial. La multitud enojada lo arrastró fuera de la sinagoga hacia un barranco, con la intención de echarlo abajo. Sin embargo, él escapó.

Con la fe de un niño, su pequeño o pequeña cree en Jesús y sabe que muchos otros en su pueblo también creen. Puede ser incomprensible para él o ella el escuchar que Jesús no fue reconocido como el Mesías por la gente que realmente lo conoció, o que esa gente quisiera lastimarlo. Explíquele que hoy vemos la historia completa de Jesús, pero que la gente de su tiempo no sabía las cosas que nosotros sabemos hoy. ¡Hoy, su hijo o hija comprende mucho más que aquella gente del pueblo hace tanto tiempo atrás!

Leyendo en voz alta

En la historia bíblica de hoy, Jesús fue seleccionado para leer de la Escritura para la adoración. Pida a su hijo o hija que escoja una historia de la Biblia para que le lea a usted. ¡Leer es un gozo, especialmente si se lee del Buen Libro!

Hagan un tablón con la historia

Un tablón con la historia es una serie de dibujos sencillos que presentan la acción y lugares de una historia. Se utilizan en la producción televisiva o cinematográfica para dar una idea del aspecto final de las escenas planificadas. Crear un tablón con la historia es parecido a dibujar una caricatura.

Invite a su hijo o hija a hacer un tablón de la historia bíblica de hoy. Puede haber cuatro recuadros para ilustrar la historia: Jesús leyendo en la sinagoga; Jesús hablando a la congregación; Jesús siendo arrastrado al barranco; y Jesús escapando de la multitud.

Nuestra iglesia nos ayuda a aprender acerca de Jesús.

Permiso de fotocopiado otorgado para uso de la iglesia local. © 2007 Abingdon Press.

PRIMARIOS MENORES: LECCIÓN 7

Títeres de Jesús y la multitud alborotadora

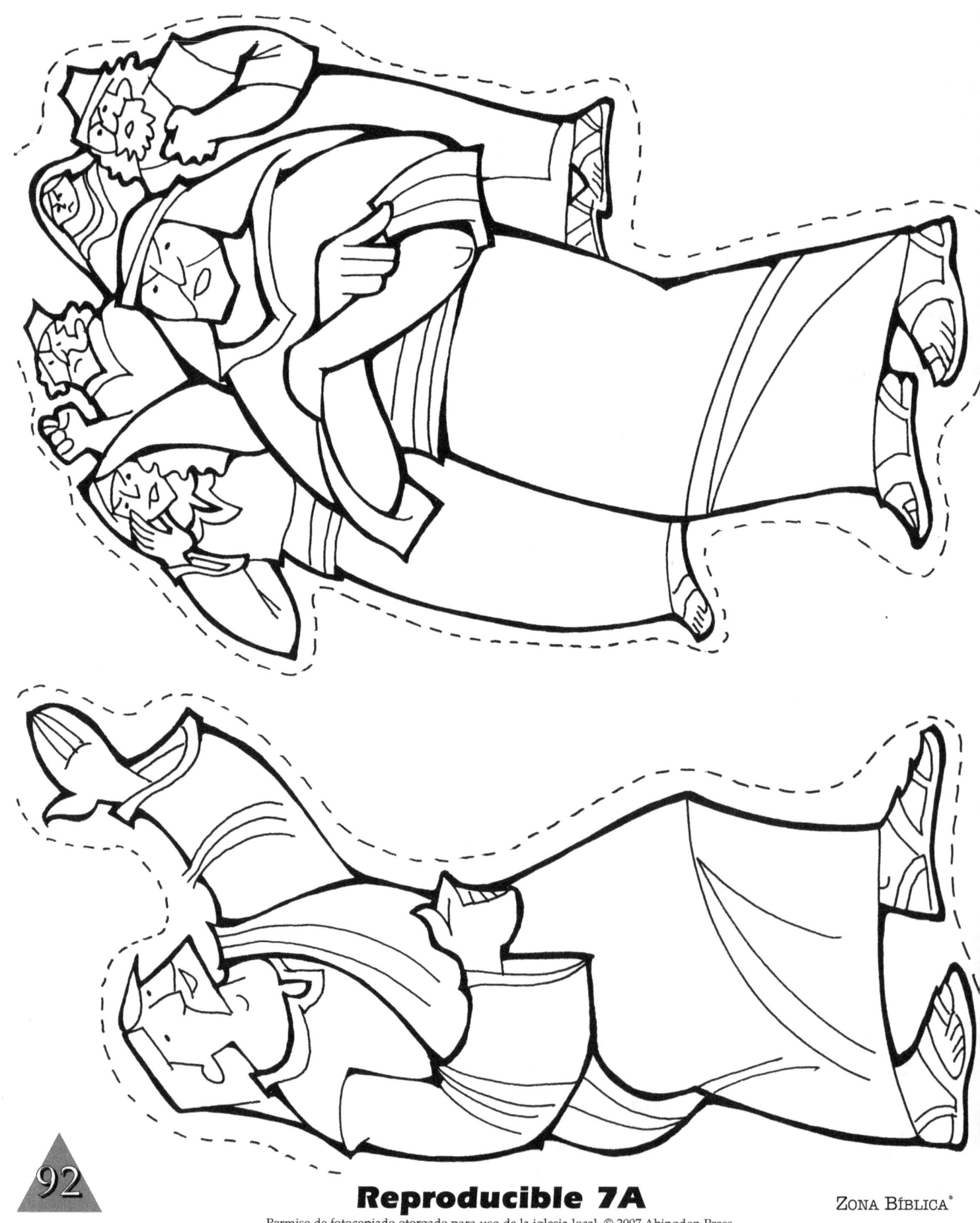

92

Reproducible 7A

Permiso de fotocopiado otorgado para uso de la iglesia local. © 2007 Abingdon Press.

Zona Bíblica

Marcadores "Marca ese nombre"

Sanando en el día de reposo

Entra a la ZONA

Versículo bíblico
Confía en el Señor y haz lo bueno.
Salmo 37:3a

Historia bíblica
Mateo 12:9-13

¿Cómo comenzó la tradición de guardar el día de reposo? Génesis 2:3 dice, "Entonces bendijo el séptimo día y lo declaró día sagrado, porque en ese día descansó de todo su trabajo de creación". Para los israelitas, el sábado era el día más importante de la semana. Se hacía el mínimo trabajo, se adoraba, y la gente comía una comida festiva y descansaba en casa. A los sirvientes, extranjeros y animales de carga se les daba la oportunidad de descansar en el día de reposo. La palabra *sábado* viene del hebreo "sabat", que significa terminar o descansar.

Como judío devoto, Jesús guardaba el día de reposo adorando en la sinagoga y ayudando con la lectura de las Escrituras. (Vea un ejemplo de esto en la lección de la semana pasada). Al mismo tiempo, Jesús pensaba que "El sábado se hizo para el hombre, y no el hombre para el sábado" (Marcos 2:27). Esta posición puso a Jesús en conflicto con los líderes religiosos de ese tiempo.

En la historia bíblica de hoy los fariseos estaban buscando una excusa para acusar a Jesús de violar la Ley. Responder a un accidente era permitido en el día de reposo. Sin embargo, Jesús fue más allá y realizó una sanidad. A los ojos de los fariseos, este acto pudo haber esperado a que pasara el sábado.

Dado que la Resurrección ocurrió en el primer día de la semana, los cristianos comenzaron a adorar en ese día y este se convirtió en nuestro día de reposo.

Como una niña dijo: "Este es el día más feliz y divertido de la semana en mi iglesia". ¡Permita que sus estudiantes sientan el mismo entusiasmo! Ayúdeles a entender y apreciar la importancia del día de reposo, tanto como un día para honrar a Dios como para descansar.

Nuestra iglesia nos ayuda a saber lo que es importante.

Vistazo a la ZONA

ZONA	TIEMPO	MATERIALES	ACCESORIOS DE ZONA®
Acércate a la ZONA®			
Acuario de plástico	10 minutos	Reproducible 8A, crayones, plástico de empaque con burbujas de aire, papel de construcción, engrapadora	ninguno
Los días de la semana	5 minutos	ninguno	pelota colorida de playa
Zona Bíblica®			
El sobre, por favor	5 minutos	4 sobres, varios boletines	letras del abecedario de plástico
Juega con los peluches	5 minutos	hojas grandes de papel, marcadores de felpa	peluches con brazos largos
Tres puntos de vista	5 minutos	ninguno	ninguno
La pepita de oro	5 minutos	ninguno	bolsas de pepitas de oro
Hacer un banderín	10 minutos	Reproducible 8B, crayones, cinta adhesiva (opcional: serpentinas de papel crepé, tijeras, engrapadora)	ninguno
Zona de Vida			
Canta y celebra	5 minutos	tocadiscos de discos compactos	disco compacto
¡Derecha izquierda!	5 minutos	Biblia, reloj con segundero (opcional: premio pequeño para el ganador)	un Accesorio de Zona® por estudiante (use una flauta)
Helado "sundaes"	5 minutos	helado, mermelada para helados, tazones, servilletas, cuchara para servir helado, cucharas	ninguno
Despedida	5 minutos	ninguno	ninguno

* Los Accesorios de Zona® se encuentran en el **Paquete de DIVERinspiración®**.

PRIMARIOS MENORES: LECCIÓN 8

Acércate a la

Escoja una o más actividades para capturar la atención de sus estudiantes.

Materiales:
Reproducible 8A
crayones
plástico de empaque
  con burbujas de
  aire
papel de construcción
engrapadora

Accesorios de Zona®:
ninguno

Acuario de plástico

Para esta actividad necesitará plástico de empaque con burbujas de aire, el cual puede comprar donde se venden artículos de oficina y envíos. Antes de la clase haga una copia del **Reproducible 8A** para cada estudiante. Recorte el plástico en rectángulos de manera que cubra el reproducible.

Según lleguen sus estudiantes, recíbales diciendo: "Hoy vamos a hacer Acuarios de burbujas de plástico, en honor al símbolo cristiano del pez".

Invíteles a colorear el reproducible, animándoles a usar colores fuertes y vibrantes. Pida que al terminar engrapen sus dibujos a un papel de construcción, y luego que engrapen sobre sus dibujos un pedazo de plástico de empaque con burbujas de aire.

Diga: A la gente le gusta reunirse alrededor de los acuarios a observar los interesantes y hermosos peces que nadan adentro. La gente también se reúne en la iglesia. En domingo, nuestro día de reposo, la gente se reúne para la escuela dominical, para adorar y para muchas otras actividades.

Discuta las diferentes actividades dominicales en su iglesia.

Materiales:
ninguno

Accesorios de Zona®:
pelota colorida de playa

Los días de la semana

Infle una de las **pelotas coloridas de playa** antes de la clase.

Pida a sus estudiantes que se reúnan formando un círculo.

Diga: Hoy la Pelota Hermosa se ha transformado en la Pelota de los Días de la Semana. Vamos a pasarla alrededor del círculo, diciendo los días de la semana, empezando con lunes. Cuando sea su turno de tomar la pelota, digan el siguiente día de la semana. Si les toca domingo, vengan al centro del círculo y alcen la pelota al aire. El resto de ustedes se tomarán de las manos y caminarán alrededor diciendo, "Domingo, domingo, qué divertido es el domingo. La gente de la iglesia se reúne los domingos".

Practique el juntar las manos y diciendo la rima; después empiece a pasar la pelota alrededor. Comenzando con un estudiante diferente cada vez, juegue tanto como se lo permita el tiempo que tenga disponible.

Diga: Nos reunimos alrededor de la persona que le tocó el domingo, porque el domingo es el día que los cristianos nos reunimos en la iglesia. El domingo es un día divertido; el domingo es un día importante. En domingo venimos a la iglesia a aprender acerca de Dios y de nuestra fe cristiana, nos reunimos para adorar, y para disfrutar de compañerismo cristiano y de otras actividades unos con otros.

Escoja una o más actividades para sumergir a sus estudiantes en la historia bíblica.

El sobre, por favor

Antes de comenzar la clase, coloque diez **letras del abecedario de plástico** en cada uno de tres sobres. Ponga un boletín de adoración en el cuarto sobre. Selle los sobres.

Diga: ¿Me pregunto qué hay en estos sobres? Los pasaremos alrededor. Sientan cada uno, pero no digan lo que creen que hay adentro.

Cuando todos hayan tenido la oportunidad de tocar cada sobre, pregunte qué Accesorios de Zona® hay adentro. Abra los sobres para revelar las letras del abecedario.

Diga: Es bueno que tengamos el alfabeto para ayudarnos a leer lo que hay en el último sobre. *(Mantenga en alto el sobre con el boletín de la iglesia).* **Hay algo en este sobre que usamos en la adoración los domingos. ¿Pueden adivinar qué es?** *(Abra el sobre con el boletín. Pase boletines adicionales para que cada estudiante tenga uno).*

Diga: Señalen algunas de las cosas que se mencionan en su boletín.

Asegúrese que se incluyan particularmente eventos para la niñez o los nombres de algunos de sus estudiantes o sus familias.

Diga: Usamos boletines como estos cuando nos reunimos para adorar el domingo. El domingo es nuestro día de reposo. La gente judía se reúne para adorar en su día de reposo, el cual es el último día de la semana. Ellos escogieron ese día porque Dios creó el mundo en seis días y descansó en el séptimo. El sábado se convirtió en el día de reposo para honrar y adorar a Dios. En la historia de hoy los líderes estaban preocupados por el comportamiento de Jesús en el día de reposo.

Materiales:
cuatro sobres
varios boletines

Accesorios de Zona®:
letras del abecedario de plástico

Juega con los peluches

Antes de la clase escriba una actividad dominical diferente en cada hoja de papel *(cantar, ver a los amigos, escuchar historias bíblicas, saludar al pastor).*

Ponga las hojas de papel en el piso. Alce ambos animales del zoológico con brazos largos.

Diga: Estos amigos quieren ir a la iglesia el domingo y participar en las actividades. Cuando sea su turno, escojan un animal, álcenlo y digan su nombre. Cuando tiren su animal traten que caiga en una de las actividades. Cuando caiga, lean la actividad en voz alta.

Cada estudiante debe continuar tirando hasta que su animal caiga en una actividad. Termine pasando alrededor del círculo y permitiendo que cada niño o niña mencione su actividad favorita en la iglesia.

Materiales:
hojas grandes de papel
marcadores de felpa

Accesorios de Zona®:
peluches con brazos largos

Historia de la Zona Bíblica

Tres puntos de vista

por Bárbara Younger

La historia bíblica de hoy es narrada en un acto desde tres puntos de vista diferentes: un fariseo, Jesús y el hombre de la mano tullida. Escoja tres de sus mejores lectores para interpretar los personajes. Si no tiene buenos lectores, pida a adolescentes o a adultos que representen estos papeles o usted puede interpretarlos, cambiando su tono de voz y sus gestos mientras representa cada personaje. Si usa tres lectores, haga copias para ellos.

Diga: En la historia de hoy los fariseos querían encontrar faltas en Jesús para acusarle de estar haciendo algo malo. Los fariseos eran un grupo de gente judía que practicaba la ley judía de manera estricta. Ellos sentían que Jesús, un hombre judío, estaba violando las leyes judías.

Reparta los papeles del fariseo, Jesús, y el hombre de la mano tullida.

Diga: Hoy vamos a pensar acerca de la historia bíblica desde los puntos de vista de tres personas en la historia: un fariseo, Jesús y el hombre de la mano tullida. Cada uno de ellos pudo haber tenido una reacción diferente ante el evento. La historia ocurrió en la sinagoga, donde la gente judía se reunía para adorar y para otras actividades.

Comience la representación, pausando después de cada sección para asegurarse que sus estudiantes entiendan que están cambiando al punto de vista del siguiente personaje.

El punto de vista del fariseo

Fariseo: ¡Ese Jesús! ¿Quién se cree que es? Está tratando de violar las leyes judías. Lo atraparemos haciendo algo mal. Oye, Jesús, ¿está bien sanar a alguien en el día de reposo?

Jesús: Si tienes una oveja que se cae en una zanja, salvarías a la oveja ¿verdad?. La gente es más valiosa que las ovejas, ¿no es así? Es correcto hacer el bien en el día de reposo.

Fariseo: Bien, por supuesto que salvaría a la oveja. Pero eso no significa que es correcto sanar a una persona en el día de reposo. El sábado es el día de reposo y un día para honrar a Dios.

Jesús: Aquí en la sinagoga hay un hombre con la mano tullida. Yo lo sanaré.

Hombre de la mano tullida: ¡Estoy sano!

Fariseo: ¡La mano de ese hombre está sana! ¡Eso no está bien! Jesús no debió hacer eso en el día de reposo. ¡Él violó la ley! Vamos a planear matar a este mal hombre.

Permiso de fotocopiado otorgado para uso de la iglesia local. © 2007 Abingdon Press.

El punto de vista de Jesús

Jesús: *(A sí mismo)* Aquí en la sinagoga hay un hombre con la mano tullida. Me gustaría sanarle y arreglar su brazo. Estoy triste por ese hombre.

Hombre de la mano tullida: Espero que Jesús me pueda sanar.

Fariseo: ¿Es correcto sanar en el día de reposo?

Jesús: Si tienes una oveja que se ha caído en una zanja en el día de reposo, ¿no la sacarías? La gente vale más que las ovejas, así que es correcto sanar en el día de reposo. *(Al hombre)* Extiende tu mano.

Hombre de la mano tullida: ¡Estoy sano! ¡Gracias Jesús. Ha ocurrido un milagro en el día de reposo!

Jesús: Sé que los fariseos no entienden. Ellos prefieren seguir las reglas que han seguido siempre en lugar de pensar en algo nuevo. Hacer el bien es lo más importante. Estoy alegre de haber ayudado al hombre.

El punto de vista del hombre de la mano tullida

Hombre de la mano tullida: Estoy en la sinagoga donde la gente se ha reunido porque es el día de reposo. Aquí está Jesús. He oído que puede hacer milagros. Espero que sane mi mano.

Fariseo: ¿Es correcto sanar en el día de reposo?

Jesús: Si tienes una oveja que cayó en una zanja, la sacarías en el día de reposo, ¿no es así? ¿No es la gente más importante que las ovejas?

Hombre de la mano tullida: Me agrada que Jesús crea que la gente es más importante, incluso en el día de reposo.

Jesús: Extiende tu mano.

Hombre de la mano tullida: ¡Mi mano ha sido sanada! ¡Es un milagro en el día de reposo! ¡Alabado sea Jesús!

Fariseo: Jesús hizo mal en sanar en el día de reposo.

Hombre de la mano tullida: ¡Por supuesto que no, él hizo algo bueno!

Escoja una o más actividades para sumergir a sus estudiantes en la historia bíblica.

Materiales:
ninguno

Accesorios de Zona®:
bolsas de pepitas de oro

La pepita de oro

Pase las dos **bolsas de pepitas** de oro alrededor del grupo, invitando a cada estudiante a tomar unas cuantas piezas de "oro" en sus manos. Explique que estas son las pepitas de oro de la historia. Tome unas cuantas pepitas en su propia mano. Cada vez que haga una pregunta, sacuda sus pepitas de oro de la historia y pida que los niños y las niñas sacudan las suyas.

Pregunte: ¿En qué día de la semana ocurrió la historia? *(el sábado)* **¿Dónde ocurrió?** *(en la sinagoga)* **¿Cómo ayudó Jesús al hombre de la mano tullida?** *(sanándole)* **¿Qué dijo Jesús que era más importante, las ovejas o la gente?** *(la gente)* **¿Los fariseos estaban de acuerdo con Jesús?** *(no)* **¿El punto más importante de la historia era sacar a las ovejas de la zanja o que Jesús creía que era correcto hacer el bien en el día de reposo?** *(Jesús creía que era correcto hacer el bien en el día de reposo)* **¿Cuál es la pepita de oro más grande de nuestra historia?** *(Jesús creía que era correcto hacer el bien en el día de reposo).*

Pida a sus estudiantes que agiten sus pepitas de oro mientras usted repite la pepita de oro de la historia con ellos, "Jesús creía que era correcto hacer el bien en el día de reposo". Pídales que devuelvan las pepitas de oro a las bolsas.

Materiales:
Reproducible 8B
crayones
cinta adhesiva
opcional: serpentinas de papel crepé, tijeras y engrapadora

Accesorios de Zona®:
ninguno

Hacer un banderín

Antes de la clase fotocopie un banderín (**Reproducible 8B**) para cada estudiante. Para hacer un banderín más grande, haga copias adicionales.

Diga: Hace unas semanas aprendimos un versículo bíblico acerca de venir a la iglesia. Diré la primera parte y veré si se recuerdan el resto: "¡Qué alegría cuando me dicen: *'Vamos al templo del Señor'*!" (Salmo 122:1). Vamos a hacer banderines de carita feliz para celebrar los sentimientos felices que tenemos cuando venimos los domingos a la iglesia.

Anímeles a pensar en la gente que viene a la iglesia, y a dibujar caras felices que se parezcan a esas personas. Deje que se diviertan poniendo nombres a las personas que van dibujando. Después deje que coloreen las letras con colores vivos.

Cuando las hojas estén decoradas, permita que los niños y las niñas le ayuden a pegarlos juntos. Si tiene serpentinas de papel crepé, pídales que recorten las serpentinas y que las peguen al banderín. Si es conveniente, permita que le ayuden a colgar el banderín.

Diga: Cuando la gente de nuestra iglesia se reúna en el día de reposo, verán este banderín festivo y les ayudará a sentirse ¡súper felices de haber venido a la iglesia!

ZONA BÍBLICA®

 **de Vida**

Escoja una o más actividades para que la Biblia cobre significado en la vida.

Canta y celebra

Enseñe a sus estudiantes "¡Vengan! ¡Todos adoremos!" (**Cántico 4 del disco compacto**). Pida a sus estudiantes que presten atención para escuchar la palabra referente al día de reposo en el primer verso.

Ahora, pida a dos estudiantes que se imaginen que son la entrada de la iglesia tocando sus manos al estilo de "A la víbora de la mar" y que hagan un arco con los brazos en alto y las manos entrelazadas. El resto pasarán por debajo mientras todos cantan el cántico. Después de algunos versos, deje que otra pareja tome su turno imaginando que son la entrada de la iglesia.

¡Vengan! ¡Todos adoremos!

¡Vengan! ¡Todos adoremos con cantos y oración!
¡Vengan! ¡Todos adoremos a nuestro Señor!

Hemos de acordarnos del día del Señor.
Es día de descanso no hay que trabajar.

¡Vengan! ¡Todos adoremos con cantos y oración!
¡Vengan! ¡Todos adoremos a nuestro Señor!

Hemos de acordarnos cuán bueno es nuestro Dios.
Nos ayuda con amor; nos cuida también.

¡Vengan! ¡Todos adoremos con cantos y oración!
¡Vengan! ¡Todos adoremos a nuestro Señor!

Hemos de acordarnos que toda bendición
viene de nuestro buen Dios.
Démosle loor.

¡Vengan! ¡Todos adoremos con cantos y oración!
¡Vengan! ¡Todos adoremos a nuestro Señor!

Hemos de acordarnos que Cristo el Señor
a orar nos enseñó para hablar con Dios.

¡Vengan! ¡Todos adoremos con cantos y oración!
¡Vengan! ¡Todos adoremos a nuestro Señor!

Hemos de acordarnos que Dios nos guiará
por la senda con su luz para no caer.

¡Vengan! ¡Todos adoremos con cantos y oración!
¡Vengan! ¡Todos adoremos a nuestro Señor!

LETRA: Natalie Sleeth; trad. por María Luisa Santillán de Baert.
MÚSICA: Natalie Sleeth.
© 1991 Cokesbury, admin. por The Copyright Co., Nashville, TN 37212.

Materiales:
tocadiscos de discos compactos

Accesorios de Zona®:
disco compacto

 de Vida

Escoja una o más actividades para que la Biblia cobre vida.

Materiales:
Biblia
reloj con segundero
opcional: pequeño premio para el ganador

Accesorios de Zona®:
un Accesorio de Zona® por estudiante (use una flauta de plástico)

¡Derecha izquierda!

Pida a la clase que se siente formando un círculo. Levante la Biblia.

Diga: El versículo bíblico de hoy es "Confía en el Señor y haz lo bueno"(*Pida que repitan el versículo*). **Vamos a jugar un juego de pases. El juego nos ayudará a practicar nuestras derechas e izquierdas y nos ayudará a pensar acerca de vivir correctamente. Cuando escuchen la palabra** *derecha*, **pasen su Accesorio de Zona® a la derecha. Cuando oigan la palabra** *izquierda*, **pasen su Accesorio de Zona® a la izquierda.** (*Observe su reloj por 30 segundos. Diga "derecha" e "izquierda" y cualquier patrón que usted escoja. Ocasionalmente añada cualquier otra palabra, como arriba o abajo. Cuando el marcador de tiempo suene, el niño o la niña que tenga* **la flauta de plástico** *ganará*).

Materiales:
helado
mermelada para helado
tazones
servilletas
cuchara para servir helado
cucharas

Accesorios de Zona®:
ninguno

Helados "sundaes"

Diga: En los años 1800s a la gente le gustaba comer helado con soda. Era contra la ley servir soda en domingo, así que alguien comenzó a cubrir el helado con diferentes mermeladas, en lugar de mezclar helado en la soda. El nombre que escogieron para este postre fue "helado de domingo" (en inglés "Ice Cream Sunday"). Una vez que se hizo popular se comenzó a escribir "S-u-n-d-a-e", ya que algunas personas creían que era irrespetuoso que un postre se escribiera igual que nuestro día de reposo en inglés "S-u-n-d-a-y". (*Invite a sus estudiantes a preparar sus propios helados con mermelada de helado*).

Materiales:
ninguno

Accesorios de Zona®:
ninguno

Despedida

Diga: ¡Nos da gusto reunirnos en la iglesia en el día de reposo! Es importante que hagamos sentir a las personas que nos visitan que son bienvenidas a nuestra iglesia. Una manera de lograrlo es saludando con un apretón de manos y diciendo "Hola". Vamos a practicar el saludo a los visitantes. (*Divida al grupo a la mitad. Designe a un grupo como los visitantes y al otro grupo como los miembros de la iglesia. Pida que los miembros de la iglesia saluden con un apretón de manos y den la bienvenida a las visitas. Permita que los grupos cambien de papel*). **Quiero que saluden a las visitas de esta manera en la iglesia. Cada persona que viene a la iglesia necesita sentirse bienvenida.**

Enséñeles la Señal de la Gente de la Iglesia. Con sus dedos trace en la palma de la mano de los niños y las niñas, y luego pídales que tracen el símbolo con sus dedos en la palma de su mano. Pida a sus estudiantes que intercambien la Señal de la Gente de la Iglesia. Pida que formen un círculo y que toquen las puntas de los dedos con las puntas de los dedos de las personas a ambos lados de ellos.

Ore: Amado Dios, gracias por el día de reposo, el día en que nos reunimos en la iglesia. Amén.

Haga una copia de Zona Casera® para cada estudiante.

 # Casera para padres

Versículo bíblico
Confía en el Señor y haz lo bueno.
Salmo 37:3a

Historia bíblica
Mateo 12:9-13

La lección de Zona Bíblica de hoy se enfocó en el día de reposo. En los tiempos bíblicos, los judíos guardaban el sábado de manera estricta. En la historia de hoy Jesús sana a un hombre con la mano tullida durante el día de reposo, por lo que los fariseo se enfurecen. Los cristianos comenzaron a guardar el domingo como su día de reposo, conmemorando que Jesús abandonó la tumba el primer día de la semana. Hoy la mayoría de los cristianos se congregan en este día para adorar a Dios, y a la misma vez asistir a la Escuela Dominical, como a otras actividades de sus iglesias.

Para la gente que asiste a la iglesia, el domingo es un día especial, al que la niñez comienza a responder cuando son pequeñines. Ayude a su niño o a su niña a que sienta el entusiasmo de asistir a la iglesia el domingo y de participar en las actividades que se celebran allí. Al meditar en las maneras en que usted y su familia guardan el día de reposo, considere las tradiciones de su niñez que le gustaría continuar. Considere comenzar sus propias tradiciones familiares que marcarían en la vida de su niño o niña a el domingo como el día del Señor.

Juguetes de domingo

Hace muchos años, los domingos, los niños y las niñas sólo podían jugar con juguetes que fueran de naturaleza religiosa. En honor a estos juguetes de domingo, fabrique su propia arca de Noé. Haga su arca con una caja de cartón. Llame "todos a bordo" y pida que grandes y pequeños encuentren animales de juguete en la casa. Haga que los animales marchen hacia el arca. Una vez que los haya acomodado, ¡deje que empiece la lluvia! Tome turnos narrando la historia de Noé. Cuando las aguas del diluvio hayan desaparecido, devuelva los animales a sus lugares.

Actividades de oración

Bote de oración por la gente: Coloque un pequeño bote, un cuaderno y un lápiz en algún lugar accesible a todos. Anime a los miembros de la familia a escribir nombres de personas por las cuales quieren orar, y ponerlos en el bote durante el día. Pídales que piensen en personas por la que están agradecidos o las que necesita amor, aun personas a quienes acaban de conocer. Lean los nombres como parte de la oración familiar en la noche.

Dibujos de oraciones de preocupación: Ponga música instrumental y entregue crayones a todos. Pídales que piensen en algunas cosas que les preocupan y que dibujen esas preocupaciones. Cuando los dibujos estén listos, cada persona enseñará su preocupación antes de hacer una oración juntos.

Oración del alfabeto: Comience con la primera letra del alfabeto y mencione algo por lo que esté agradecido que comience con esa letra. Permita que cada persona tome turnos diciendo la letra que sigue y que repita el proceso. Por ejemplo, la primera persona puede decir, "A por amigos", la siguiente persona puede decir, "B por bendiciones", y así sucesivamente. Concluya diciendo, "¡Gracias Dios, por el alfabeto lleno de cosas maravillosas! Amén".

Nuestra iglesia nos ayuda a saber lo que es importante.

Permiso de fotocopiado otorgado para uso de la iglesia local. © 2007 Abingdon Press.

Acuario de plástico

Banderín

PRIMARIOS MENORES: LECCIÓN 8 **Reproducible 8B**
Permiso de fotocopiado otorgado para uso de la iglesia local. © 2007 Abingdon Press.

Sanando en la casa de Dios

Entra a la ZONA

Versículo bíblico
Canten himnos en su honor. ¡Hablen de sus grandes hechos!

Salmo 105:2

Historia bíblica
Lucas 13:10-17

Los milagros en la Biblia son eventos que muestran el poder de Dios y la preocupación de Dios por la gente en la tierra. Jesús tenía el poder de hacer milagros. Cuando leemos de los milagros de sanidad del Nuevo Testamento, sentimos la compasión de Jesús por aquellas personas con sus cuerpos quebrantados. La historia de hoy tuvo lugar en la sinagoga en el día de reposo, como nuestra última historia. En la historia de hoy Jesús le dijo a una mujer que había vivido encorvada por dieciocho años: "Ahora estás sana". Puso sus manos sobre ella, y ella se enderezó y alabó a Dios por esta sanidad milagrosa.

La gente en los tiempos de la Biblia creía que en muchos casos, las enfermedades eran castigo por los pecados cometidos, y en otros casos, obra de Satanás. En esos días las medicinas se hacían con hierbas y otras plantas, minerales y sustancias animales. Aun con los mejores esfuerzos de la gente antigua, las enfermedades eran difíciles de curar. Usted puede imaginar el asombro causado por las sanidades milagrosas de Jesús.

A pesar del increíble desarrollo de la medicina a través de los siglos, todavía es difícil curar muchas enfermedades. Sus estudiantes pueden tener familiares y amistades enfermas. Pueden preguntarse por qué la gente de la Biblia fue sanada con milagros y sus seres amados no han sido sanos. Esta es una pregunta difícil. Ayúdeles a entender que Jesús sanó a la gente porque se preocupaba por ellos, pero el principal propósito de los milagros de sanidad del Nuevo Testamento era demostrar la divinidad de Jesús.

Un ejemplo del amor de la congregación es el ocuparse de los enfermos. Hable acerca de la oración, comidas, tarjetas, llamadas telefónicas, regalos y visitas como maneras en que los cristianos ayudan a aquellas personas en la iglesia que están enfermas. Por siglos, los cristianos han ayudado más allá de sus propias congregaciones y han provisto cuidado para las personas enfermas en todas partes del mundo. Deje que sus estudiantes sientan el poder de sanidad según comprenden que Dios les ha empoderado para ayudar a otros a sanar.

La gente de la iglesia trabaja en conjunto para ayudar a otras personas.

Vistazo a la

ZONA	TIEMPO	MATERIALES	✱ ACCESORIOS DE ZONA®
Acércate a la ZONA®			
Sorpresas con agua	10 minutos	papel blanco, crayón blanco, colorante vegetal azul o verde, tazones pequeños, bolitas de algodón, cuchara, periódico o papel toalla	ninguno
Recordar a los enfermos	5 minutos	ninguno	pelota colorida de playa
Zona Bíblica®			
Los dedos detectives	5 minutos	bandas adhesivas o curitas, 4 bolsas de papel, marcadores de felpa	botellas de burbujas con carita feliz
Comida para mejorar	5 minutos	sopa de pollo, puré de manzana, pan tostado, servilletas, tazones, cucharas	ninguno
Sanando en la casa de Dios	5 minutos	Reproducible 9A, tijeras, sujetadores de papel o grapas, refuerzos para papel	ninguno
La pepita de oro	5 minutos	ninguno	bolsas de pepitas de oro
Hacer tarjetas	5 minutos	Reproducible 9B, papel de china de tonos pastel, tijeras, pegamento, marcadores de felpa o crayones (opcional: etiquetas engomadas)	ninguno
Zona de Vida			
Canta y celebra	5 minutos	tocadiscos de discos compactos	disco compacto, botellas de burbujas con carita feliz
¡Canta alabanzas!	5 minutos	Biblia	pompones metálicos, maracas de plástico
Una oración de frente	5 minutos	ninguno	ninguno

✱ * Los Accesorios de Zona® se encuentran en el **Paquete de DIVERinspiración®**.

PRIMARIOS MENORES: LECCIÓN 9

Acércate a la ZONA

Escoja una o más actividades para capturar la atención de sus estudiantes.

Materiales:
papel blanco
crayón blanco
colorante vegetal azul o verde
tazones pequeños
bolitas de algodón
cuchara
periódico o papel toalla

Accesorios de Zona®:
ninguno

Sorpresas con agua

Antes de la clase, use un crayón blanco para delinear firmemente una figura sencilla de un pez (invisible) en un pedazo de papel blanco para cada estudiante. Dependiendo del tamaño de su grupo, llene uno o dos tazones con aproximadamente media taza de agua. Añada diez gotas más o menos de colorante vegetal verde o azul al agua y revuelva.

Extienda papel de periódico o papel toalla sobre la mesa. Según sus estudiantes llegan, entrégueles una hoja del dibujo del pez.

Diga: Es una señal secreta.

Dirija a sus estudiantes a llevar el papel a la mesa, después moje una bola de algodón en el agua con colorante y cubra el papel con color. La señal secreta aparecerá.

Pregunte: ¿Qué señal secreta pueden ver?

Diga: Los primeros cristianos usaban el símbolo del pez como señal para distinguirse unos a otros como personas cristianas. En los días de la iglesia primitiva, así como hoy en día, las personas cristianas se amaban y se cuidaban unas a otras. Una manera en que lo hacían era ayudando a las personas que estaban enfermas o en dolor.

Materiales:
ninguno

Accesorios de Zona®:
pelota colorida de playa

Recordar a los enfermos

Saque la **pelota de playa colorida** y **diga: Hoy la Pelota Hermosa se ha convertido en el Doctor Pelota de Playa. Cuando les toque el turno de tener al Doctor Pelota de Playa, contarán de alguna vez que hayan estado enferma o enfermo.**

Pase la pelota alrededor del grupo y **diga: Es difícil estar enfermo. Cuando estamos enfermos es maravilloso cuando la gente nos ayuda y nos anima. Cuando sea su turno de tener al Doctor Pelota de Playa otra vez, dirán cómo alguien les ayudó cuando estaban enfermos o cómo ustedes ayudaron a otra persona cuando estaba enferma.**

Después de que sus estudiantes hayan tenido su turno, dé las gracias al Doctor Pelota de Playa.

Diga: Cuando estamos enfermos, necesitamos de otra persona que nos ayude. En casa, nuestra familia nos ayuda. Pero nuestra familia de la iglesia también nos puede ayudar. Algunas veces el pastor o los miembros de la iglesia nos visitan; y algunas veces la gente nos trae comida o hace los mandados, o las diligencias, por nosotros. En la iglesia oramos por los miembros de la iglesia que están enfermos, y los recordamos en nuestras oraciones en casa.

ZONA BÍBLICA®

Escoja una o más actividades para sumergir a sus estudiantes en la historia bíblica.

Los dedos detectives

Coloque **dos botellas de burbujas** con carita feliz en las primeras tres bolsas. Ponga bandas adhesivas en la última bolsa, una bandita por estudiante. No permita que miren el contenido de las bolsas.

Diga: Quiero que sean detectives con los dedos. Voy a pasar estas bolsas misteriosas alrededor. Toquen con los dedos lo que hay adentro para tratar de adivinar lo que hay sin decirle a nadie.

Pase las bolsas alrededor del grupo.

Diga: En esta bolsa se encuentran algunos de nuestros Accesorios de Zona® favoritos. ¿Qué son? *(Saque las botellas de burbujas con carita feliz)* **¿Qué había en la cuarta bolsa?** *(Saque las bandas adhesivas o curitas).*

Diga: usamos bandas adhesivas cuando estamos heridos.

Entregue una bandita a cada estudiante.

Diga: Las personas cristianas se cuidan unas a otras cuando están enfermas o heridas. En honor a esto, voy a pedirles que se pongan una banda adhesiva. Después voy a dibujar el símbolo de la cruz en su banda adhesiva.

Ponga una cruz pequeña en el centro de cada banda adhesiva o curita, usando el marcador.

Diga: La historia bíblica de hoy es acerca de una mujer que estaba enferma. Ella no necesitaba una banda adhesiva, sino que necesitaba poder enderezarse. Ella había estado caminando doblada por dieciocho años.

Pida a sus estudiantes que caminen jorobados alrededor del salón. Explique que les pidió que hicieran esto para que entendieran lo incómoda que la mujer se sentía y lo difícil que era su vida.

Materiales:
cuatro bolsas de papel
bandas adhesivas o curitas
marcadores permanentes

Accesorios de Zona®:
botellas de burbujas con carita feliz

Comida para mejorar

Diga: Cuando estamos enfermos, nuestras familias cuidan de nosotros. Una de las maneras en que cuidan de nosotros es sirviéndonos comida que nos ayuda a sentirnos mejor.

Explique cómo su iglesia provee alimentos a familias que tienen a alguien con enfermedades serias o en dolor, o que han pasado por la muerte de un ser querido. Dé a sus estudiantes información acerca del grupo que se encarga de organizar estas comidas. Sirva un refrigerio, animándoles a que cuenten qué les gusta comer cuando están enfermos. Deje que mencionen cómo sus familiares les cuidan cuando están enfermos.

Materiales:
sopa de pollo
puré de manzana
pan tostado
servilletas
tazones
cucharas

Accesorios de Zona®:
ninguno

PRIMARIOS MENORES: LECCIÓN 9

Historia de la Zona Bíblica

Sanando en la casa de Dios

por Bárbara Younger

Saque copias de la mujer de papel (**Reproducible 9A**) para cada estudiante y para usted. (Puede sacar algunas adicionales, en caso de que los niños y las niñas se equivoquen recortando o sujetando). Necesitará tijeras y sujetadores para papel para esta actividad.

El reforzar el papel ayudará a prevenir rasgaduras cuando sus estudiantes muevan la mujer de papel hacia adelante y hacia atrás. Si no puede usar sujetadores para papel, pueden usar cinta adhesiva para unir las piezas y pueden doblar a la mujer de papel para hacer que se mueva.

Haga una mujer de papel para usted para usarla como modelo y para narrar la historia.

Entregue a cada estudiante una copia de la mujer de papel.

Diga: Esta es la mujer, en la historia bíblica de hoy, que estuvo jorobada por dieciocho años. Vamos a recortarla y a armarla. Después la usarán para ayudar a narrar la historia.

Levante el modelo de la mujer de papel para que sus estudiantes la vean. Después, ayúdeles a recortar sus figuras de papel y a armarlas con los sujetadores. Asegúrese que pongan los sujetadores en los puntos indicados.

Si tiene refuerzos para papel, pida que los coloquen sobre los puntos de los dos torsos antes de insertar los sujetadores para papel. Si ha decidido no usar los sujetadores, pida que peguen la mujer de papel con la cinta adhesiva.

Diga: Mientras escuchan la historia, observan a mi figura de papel, y hagan que las suyas imiten lo que hace la mía.

(Anímeles a comenzar con la figura de la mujer de papel en posición vertical).

Un día de reposo, Jesús enseñaba en la sinagoga. Allí estaba una mujer que llevaba jorobada dieciocho años. No era el brazo derecho lo que no podía mover.

(Anímeles a que muevan sus brazos derechos de atrás para adelante).
Y no era su brazo izquierdo lo que no podía mover.
(Anímeles a mover sus brazos izquierdos de atrás para adelante).

No era su pierna derecha lo que no podía mover.
(Anímeles a mover su pierna derecha de atrás para adelante).

Y no era su pierna izquierda lo que no podía mover.
(Anímeles a mover su pierna izquierda de atrás para adelante).

No era su cabeza lo que no podía mover.
(Anímeles a mover su cabeza de atrás para adelante).

Era su espalda. Ella estaba completamente doblada y no podía enderezarse.
(Anímeles a tomar a su figura de la mujer de papel y doblarla por la cintura).

Cuando Jesús vio a la mujer, la llamó.

"Ahora estás sana", le dijo Jesús a la mujer.

Jesús puso sus manos sobre ella, y enseguida, ella se enderezó y adoró a Dios.
(Anime a cada estudiante a hacer que la mujer de papel se enderece y diga, "¡Alabado sea Dios!")

El hombre a cargo estaba muy disgustado porque Jesús había sanado a alguien en el día de reposo.

"Esta mujer ha estado jorobada por dieciocho años", Jesús dijo. "¿No es correcto liberarla en el día de reposo?"

La gente que no quería a Jesús se sintió avergonzada, pero todos los demás en la multitud que presenciaron este milagro estaban contentos por las cosas maravillosas que Jesús estaba haciendo.

Especialmente la mujer, que bailaba de alegría.
(Anime a cada estudiante a que mueva el cuerpo de la mujer de papel para mostrar como ella bailaba de alegría).

Escoja una o más actividades para sumergir a sus estudiantes en la historia bíblica.

Materiales:
ninguno

Accesorios de Zona®:
bolsas de pepitas de oro

La pepita de oro

Pase las **dos bolsas de pepitas** de oro alrededor del grupo, invitando a cada estudiante a tomar unas cuantas piezas de "oro" en sus manos. Explique que estas son las pepitas de oro de la historia. Tome unas cuantas pepitas en su propia mano. Cada vez que haga una pregunta, sacuda sus pepitas de oro de la historia y pida que los niños y las niñas sacudan las suyas.

Pregunte: ¿Dónde ocurrió la historia? *(en la sinagoga)* **¿Qué día de la semana era?** *(el día de reposo, sábado)* **¿Qué tenía la mujer?** *(había estado jorobada por dieciocho años)* **¿La Biblia nos narra la historia para que sepamos que la mujer fue a la sinagoga, o para que veamos que Jesús la sanó?** *(Para ver que Jesús la sanó)* **¿Cuál es la pepita de oro más grande de nuestra historia?** *(Jesús sanó a la mujer).*

Pida a sus estudiantes que agiten sus pepitas de oro de la historia mientras usted repite la pepita de oro con ellos, "Jesús sanó a la mujer".

Diga: Aunque era día de reposo, Jesús sano a la mujer. El ver que Jesús hizo un milagro ayudó a la gente a comprender que Jesús era el hijo de Dios. Pero también mostró que Jesús se ocupaba de las personas enfermas.

Pida que devuelvan las pepitas de oro a las bolsas.

Materiales:
Reproducible 9B
papel de china de tonos pasteles
tijeras
pegamento
marcadores de felpa o crayones
opcional: etiquetas engomadas

Accesorios de Zona®:
ninguno

Hacer tarjetas

Antes de la clase fotocopie una tarjeta de pronta recuperación (**Reproducible 9B**) para cada estudiante. Previamente recorte el papel de china en pedazos de aproximadamente dos pulgadas de ancho.

Pregunte: ¿Alguno de ustedes recibió cartas por correo esta semana? Es divertido recibir una tarjeta o carta por el correo, especialmente cuando estamos enfermos. Hoy vamos a hacer tarjetas para desear mejoría y animar a la gente de nuestra iglesia que está enferma.

Explique cómo la gente en su congregación se entera de alguien en la iglesia está enfermo o lesionado. Tome algunos minutos para hablar acerca de algunas personas en su congregación que se sienten enfermas y que les gustaría recibir una tarjeta de pronta recuperación. Pida a sus estudiantes que peguen el papel de china al frente de la tarjeta. Que sólo peguen una capa de papel, para que las palabras se vean a través del papel. Después indíqueles que escriban sus propios mensajes y dibujos dentro de la tarjeta y que firmen sus nombres. Si tiene etiquetas engomadas, permita que decoren la portada y dentro de la tarjeta con ellas.

Diga: Las tarjetas están hermosas. ¡Seguramente animarán a la gente que las va a recibir!

Envíe las tarjetas por correo después de la clase.

 de Vida

Escoja una o más actividades para que la Biblia cobre significado en la vida.

Canta y celebra

Enseñe a sus estudiantes el cántico "Sirve a Dios" (**Cántico 10 del disco compacto**). Explique que ayudar a los enfermos es una de las muchas maneras que servimos a Dios.

Diga: Cuando ayudamos a la gente, estamos sirviendo a Dios con alegría. ¡Somos gente feliz!

Dé a cada estudiante una botella de burbujas con carita feliz. Invíteles a cantar nuevamente, esta vez celebrando la alegría que sienten llenando el cuarto con burbujas mientras cantan. (Es posible que necesiten ayuda abriendo las botellas).

Materiales:
tocadiscos de discos compactos

Accesorios de Zona®:
disco compacto

Sirve a Dios

Sirve a Dios,
a Dios con alegría.
Sirve a Dios,
a Dios con alegría.
Y todo el pueblo
que espera en el Señor
sírvale.

Confía en Dios,
que siempre te guía.
Confía en Dios que siempre te guía.
Y todo el pueblo
que espera en el Señor
confíe en Dios.

Gracias a Dios
por sus grandes hechos.
Gracias a Dios
por sus grandes hechos.
Y todo el pueblo
que espera en el Señor
gracias dé.

Ama a Dios,
pues te liberó.
Ama a Dios,
pues te liberó.
Y todo el pueblo
que espera en el Señor
ame a Dios.

Sirve a Dios,
a Dios con alegría.
Sirve a Dios,
a Dios con alegría.
Y todo el pueblo
que espera en el Señor
sírvale.

LETRA: Jim Strathdee; trad. por Diana Beach.
MÚSICA: Jim Strathdee.
© 1977 Desert Flower Music; trad. © 2007 Desert Flower Music, Carmichael, CA 95609. Usado con permiso.

 de Vida

Escoja una o más actividades para que la Biblia cobre significado en la vida.

Materiales:
Biblia

Accesorios de Zona®:
pompones metálicos
maracas de plástico

¡Canta alabanzas!

Levante la Biblia. **Diga: El versículo bíblico de hoy es "Canten himnos en su honor. ¡Hablen de sus grandes hechos!"** (Salmo 105:2). Pida a sus estudiantes que repitan el versículo. Reparta los **pompones metálicos** y las **maracas de plástico**. Pida que canten el versículo bíblico al ritmo de "Rema, rema, rema tu bote" mientras agitan sus Accesorios de Zona®:

Canten himnos en su honor, hablen de sus grandes hechos.
Canten himnos en su honor, hablen de sus grandes hechos.

Diga: Al igual que Jesús, nuestras oraciones, nuestros buenos pensamientos, tarjetas, visitas y otros gestos de amor pueden ayudar en el proceso de sanidad de otras personas.

Si el tiempo lo permite, pida a sus estudiantes que, con sus Accesorios de Zona® en mano, visiten a otra clase para que canten el versículo bíblico.

Una oración de frente

Materiales:
ninguno

Accesorios de Zona®:
ninguno

Diga: Hoy hemos hablado acerca de cómo podemos cuidar de las personas de la iglesia que se encuentran enfermas. Las personas cristianas no cuidan solamente a personas de su propia iglesia. Por siglos los cristianos han trabajado para construir hospitales y otros edificios para el cuidado de personas enfermas alrededor del mundo. Las iglesias han ayudado mandando equipo y provisiones a esos hospitales. Mucho personal voluntario cristiano tales como: doctores y enfermeras y también personal misionero donan su tiempo para ayudar a personas enfermas en otros lugares.

Ocupe algunos minutos discutiendo el trabajo que su iglesia y denominación hacen para ayudar a las personas enfermas alrededor del mundo.

Pregunte: En su casa, cuando su mamá o papá piensan que ustedes están enfermos, ¿ponen sus manos en su frente? ¿Por qué hacen eso? Si su frente está caliente, puede indicar que tienen fiebre. Poner una mano en su frente es un gesto amoroso. Ellos quieren saber si ustedes están enfermos para ayudarles a ponerse bien.

Pida a sus estudiantes que se pongan de pie y formen un círculo. Pídales que pongan su mano cuidadosamente en la frente de la persona a su derecha. Explique que esta es la señal Mano en la Frente. Pídales que mantengan sus manos en esa posición durante la oración.

Ore: Amado Dios, como personas cristianas cuidamos de las personas enfermas en nuestros hogares, nuestras iglesia, comunidades y alrededor del mundo. Ayúdanos a hacer todo lo que podamos para ayudarles. Amén.

Haga una copia de Zona Casera® para cada estudiante.

Zona Bíblica®

# Casera para padres

Versículo bíblico
Canten himnos en su honor.
¡Hablen de sus grandes hechos!
Salmo 105:2

Historia bíblica
Lucas 13:10-17

En la historia de hoy Jesús dijo, "Ahora estás sana", a una mujer que había estado jorobada por dieciocho años. Él puso sus manos sobre ella, y enseguida ella se enderezó y adoró a Dios por el milagro de sanidad realizado en ella. A través de su ministerio, Jesús mostró gran compasión por las personas enfermas y en dolor. Dado que su hijo o hija probablemente sabe como se siente estar enfermo o en dolor, él o ella también puede sentir compasión por otras personas en la misma condición. La lección de hoy se enfoca en el cuidado que nosotros como personas cristianas damos a otras que están enfermas. Ayude a su niño o niña a entender que aun actos de bondad tan sencillos como una nota o una llamada telefónica, pueden ayudar a animar a alguien que se siente mal. Cuando están enfermos, los niños y las niñas disfrutan cuando saben que sus pares se preocupan por ellos. Por otro lado las personas adultas se alegran cuando un niño o una niña se preocupa por ellos. ¡Permita que su hijo o hija se sienta importante ayudando a aquellas personas que necesitan un toque de sanidad!

Gracias a los doctores y enfermeras

La próxima vez que su hijo o hija visite al doctor, sugiera que el o ella haga una tarjeta de gracias o un dibujo para llevar consigo. Le garantizamos que el equipo médico estará muy contento de recibir gratitud, y la tarjeta o dibujo servirá como un "rompe hielo" al comienzo de la visita. Considere llevar la cámara fotográfica con usted. Deje que su hijo o hija pose con las personas del equipo médico. Esta es otra manera para ayudar a los pequeñines a entender que los doctores y enfermeras nos cuidan.

Paquetes de pronta recuperación

Cuando los niños y las niñas se enferman, les gusta recibir paquetes por correo, especialmente si en ese paquete se incluyen materiales con actividades que les puedan mantener entretenidos mientras se recuperan. La próxima vez que usted y su hijo o hija vayan de compras, escoja algunos materiales para tener a mano para hacer los Paquetes de Pronta Recuperación. Considere libros: para colorear y de actividades, etiquetas engomadas, hojas decorativas de papel, y otras cosas pequeñas que puedan ser enviadas por correo con facilidad. Compren también sobres grandes de correo. La próxima vez que sepa que algún niñito esté enfermo, deje que su propio hijo o hija le ayude a preparar su Paquete de Pronta Recuperación. Pídale que escriba una nota para darle ánimo y que haga un dibujo. Después, ¡envíe el paquete!

La gente de la iglesia trabaja en conjunto para ayudar a otras personas.

Permiso de fotocopiado otorgado para uso de la iglesia local. © 2007 Abingdon Press.

Mujer de papel

Reproducible 9A

¡Pronta recuperación!

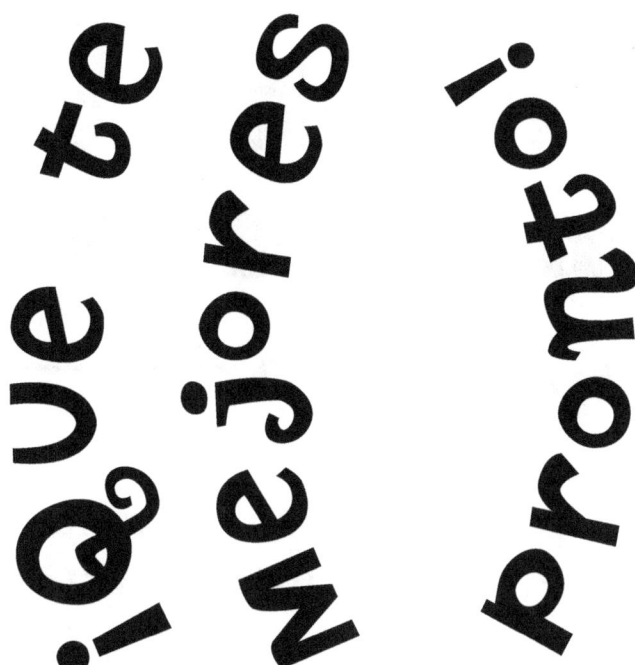

¡Que te mejores pronto!

PRIMARIOS MENORES: LECCIÓN 9 **Reproducible 9B**

Permiso de fotocopiado otorgado para uso de la iglesia local. © 2007 Abingdon Press.

El fariseo y el cobrador de impuestos

Entra a la ZONA

Versículo bíblico
Porque el que a sí mismo se engrandece, será humillado; y el que se humilla, será engrandecido.

Lucas 18:14b

Historia bíblica
Lucas 18:9-14

Los fariseos, grupo religioso judío, se mantenían en los más altos niveles de comportamiento y prácticas religiosas. Ellos eran muy estrictos en el cumplimiento de dos aspectos de la Ley que la mayoría de la gente pasaba por alto, los ritos de pureza y los diezmos. Algunos fariseos eran tan estrictos con los ritos de pureza que no podían tomar ninguna comida fuera de su propia comunidad. Además del hecho de que los fariseos se veían así mismos como superiores a los demás, eran respetados por las masas porque no eran un grupo rico o privilegiado. Por el contrario, eran solamente "gente sencilla" que se esforzaban con ahínco por obedecer la Ley.

Un cobrador de impuestos era generalmente un judío de la localidad conocido por la comunidad y que adoraba junto a ellos. Este hombre les pagaba a los romanos por el derecho de recaudar los impuestos o las cuotas de aduanas a nombre de Roma. La gente odiaba a los cobradores de impuestos por dos razones. Los cobradores de impuestos tenían la reputación de ser codiciosos, cobrando impuestos muy altos y quedándose con una gran porción para ellos mismos; y también eran vistos como personas que trabajaban para el enemigo, los opresores romanos.

Con frecuencia Jesús fue duro con los fariseos y se compadeció de los cobradores de impuestos, lo cual sorprendió a su audiencia. Él pensaba que los fariseos ponían demasiada confianza en su propia rectitud y buscaban la admiración de la gente en lugar de buscar el corazón de Dios.

Sus estudiantes pueden tener problemas identificándose tanto con los fariseos como con los cobradores de impuestos. Explíqueles que Jesús los usó como ejemplos porque él quería que los que le escuchaban entendieran lo que quería decir. Jesús no quiere que nos enorgullezcamos o que creamos que somos mejores que los demás. Ayúdeles a entender que Dios nos ama a todos y que el camino para sentirse más cerca de Dios es la oración honesta y de corazón.

Podemos hablar con Dios y pedirle que nos ayude a hacer lo correcto.

Vistazo a la

ZONA	TIEMPO	MATERIALES	✹ ACCESORIOS DE ZONA®
Acércate a la ZONA®			
Llegada	10 minutos	Reproducible 10A, servilletas, galletas en forma de pez	ninguno
La pelota presumida	5 minutos	ninguno	pelota colorida de playa
Zona Bíblica®			
El largo y el corto	5 minutos	papel, plumones	letras del abecedario de plástico
Cobra impuestos	5 minutos	centavos	maracas de plástico
El fariseo y el cobrador de impuestos	5 minutos	ninguno	pompones metálicos, maracas de plástico, corazoncitos de cristal de colores
La pepita de oro	5 minutos	ninguno	bolsas de pepitas de oro
¡Habla con Dios!	5 minutos	Reproducible 10B, papel para tarjetas, marcadores de felpa, tijeras	ninguno
Zona de Vida			
Canta y celebra	5 minutos	tocadiscos de discos compactos	disco compacto, botellas de burbujas con carita feliz
Termina el pez	5 minutos	galletas de forma de pez, servilletas, bebida, vasos	ninguno
Engrandecido	5 minutos	Biblia	ninguno
Despedida	5 minutos	ninguno	ninguno

✹ * Los Accesorios de Zona® se encuentran en el **Paquete de DIVERinspiración®**.

PRIMARIOS MENORES: LECCIÓN 10

Acércate a la

Escoja una o más actividades para capturar la atención de sus estudiantes.

Materiales:
Reproducible 10A
servilletas
galletas en forma de pez

Accesorios de Zona®:
ninguno

Llegada

Antes de la clase, saque una fotocopia del "Llena el pez" (**Reproducible 10A**) para cada estudiante. Coloque las copias alrededor de la mesa antes de empezar la clase. Coloque una servilleta por cada copia, con treinta galletas por servilleta. Nota: las galletas en forma de pez serán usadas en esta actividad como refrigerio; compre la cantidad adecuada.

Salude a sus estudiantes dibujando con su dedo el símbolo del pez en las palmas de sus manos. Invíteles a colorear la hoja "Llena el pez", usando un color diferente para cada letra. Cuando hayan terminado, pídales que deletreen y digan la palabra en la hoja: *orar*. Permita que acomoden sus peces en el símbolo. Permita se coman las galletas.

Diga: Cuando oramos, hablamos con Dios. Algunas veces le contamos a Dios nuestros problemas o le pedimos ayuda. O quizá pedimos perdón o con nuestra alabanza le damos gracias a Dios. La oración es la manera en la que hablamos con Dios. Podemos orar a Dios en cualquier momento del día o de la noche.

Materiales:
ninguno

Accesorios de Zona®:
pelota colorida de playa

La pelota presumida

Infle la **pelota colorida** antes de la clase.

Pida a sus estudiantes que formen un círculo. Alce la pelota de playa.

Diga: Hoy la Pelota Hermosa va a decir cosas que no son tan hermosas. Vamos a usar nuestra imaginación. Convirtámosla en una Pelota Presumida.

Diga: Expliquen qué significa cuando la gente presume. *(Ellos hablan sobre sí mismos con demasiado orgullo).* **Cuando la gente es presumida, parecen creerse mejores que los demás. ¿Cómo nos sentimos cuando oímos a alguien presumir?** *(irritados; enojados; cansados de oírlo).*

Explique que usted irá alrededor, por la parte de afuera del círculo, con la pelota presumida. Cuando usted toque ligeramente a una persona con la pelota en la cabeza, esa persona comenzará a presumir ante el grupo. Esto puede hacerse en un tono exagerado o con manierismos. (Dé un ejemplo como "Soy el (la) mejor cocinero(a) que jamás ha existido". Después de presumir, el presumido o la presumida caminará por la parte de afuera del círculo y tocará a alguien nuevo. Jueguen hasta que todos hayan tenido un turno. Recoja la pelota presumida.

Diga: En la historia bíblica de hoy, ustedes reconocerán a la persona presumida y orgullosa. Cuando sintamos que hemos sido orgullosos y presumidos, podemos pedirle a Dios que nos ayude a corregir nuestra conducta.

Zona Bíblica

Escoja una o más actividades para sumergir a sus estudiantes en la historia bíblica.

El largo y el corto

Antes de la clase, aparte las **letras del abecedario de plástico** que necesitará: cuatro letras A; una E; una M; y una N. En una hoja de papel, dibuje una línea horizontal y una línea vertical que dividan la hoja en cuarto partes. Coloque una letra de plástico A en tres de las partes. En la cuarta parte, deletree la palabra A-M-E-N. Si no tiene suficientes letras A, escriba palabras de dos letras como si, no, tú, yo, en lugar de las A.

Saque la hoja de papel para que sus estudiantes la examinen.

Pregunte: ¿Qué se ve más parecido en este papel? *(la letra A o las palabras cortas)* ¿Qué se ve diferente? *(la palabra larga)* ¿Saben cuál es la palabra larga? *(amén)* ¿Cuándo decimos la palabra *amén*? *(al final de nuestras oraciones)*

Diga: Podemos orar con nuestra familia, nuestros amigos, nuestra clase de escuela dominical y nuestra congregación; o podemos orar a Dios cuando estamos solos. En cualquier momento que oremos, podemos pedirle a Dios que nos ayude a hacer lo correcto. En la historia de hoy oiremos las oraciones de dos hombres. Un hombre hace lo correcto, mientras el otro presume acerca de sí mismo.

Materiales:
papel
marcadores de felpa

Accesorios de Zona®:
letras del abecedario de plástico

Cobra impuestos

En este juego ustedes serán el despreciado cobrador de impuestos, cobrando impuestos injustos en su grupo. Entregue a cada estudiante cinco centavos.

Diga: En tiempos bíblicos el gobierno recaudaba los impuestos de la gente, así como el nuestro lo hace hoy día. La gente de la localidad le pagaba a los romanos por el derecho a recolectar los impuestos. Había dos razones por las que el pueblo no quería a los cobradores de impuestos. La primera razón era que los cobradores de impuestos recolectaban más dinero del que debían recolectar y se quedaban con una parte. Segundo, los cobradores de impuestos eran vistos como personas que trabajaban para el enemigo, los romanos. En la historia de hoy el despreciado cobrador de impuestos oró a Dios pidiendo perdón porque sabía que lo que hacía estaba mal.

Pida a su grupo que camine descuidadamente por el salón. Cuando usted agite la maraca de plástico, tienen que detenerse. Después de agitar la maraca, declare un impuesto de un centavo. Recáudelo de sus estudiantes; ahora dirija al grupo a que vuelva a caminar hasta que escuchen la señal otra vez. Aquí hay sugerencias para los impuestos: un impuesto a los niños, uno para las niñas, uno para los niños que traen zapatos color café, uno para los niños de ojos color café, y uno para las niñas que se peinaron recogiéndose el pelo con colitas de caballo. Juegue hasta que haya recogido todos los centavos.

Materiales:
centavos

Accesorios de Zona®:
maracas de plástico

PRIMARIOS MENORES: LECCIÓN 10

Historia de la  Bíblica

El fariseo y el cobrador de impuestos

por Bárbara Younger

Divida a sus estudiantes en dos grupos. Un grupo hará el papel del fariseo mientras el otro grupo actuará la parte del cobrador de impuestos.

Acomode a los que actuarán como fariseos para que miren en la misma dirección. Dígales que cuando hablen durante la representación, tienen que mirar hacia arriba, como si hablaran con Dios en el cielo.

Acomode a los que actuarán como cobradores de impuestos en una manera similar, pero dígales que deben bajar la cabeza como si tuvieran vergüenza al hablar con Dios.

Mientras usted lee la obra, usted se parará enfrente de cada grupo cuando les toque su turno de participar. Usted leerá las líneas y el grupo las repetirá.

Use un tono de voz de presunción cuando hable como fariseo, y una voz triste cuando diga las líneas del cobrador de impuestos.

Narrador:
Jesús contó esta historia acerca de personas que se creían mejores que otras.

Fariseo:
Señor y Dios, te doy gracias porque:
(Permita que sus estudiantes repitan la línea).
No soy codicioso.
(Permita que sus estudiantes repitan la línea).
Codicioso o deshonesto o infiel.
(Permita que sus estudiantes repitan la línea).
Estoy muy complacido
(Permita que sus estudiantes repitan la línea).
Que no soy como él.
(Permita que sus estudiantes repitan la línea).
Ayuno
(Permita que sus estudiantes repitan la línea).
Dos días a la semana
(Permita que sus estudiantes repitan la línea).
Y doy mis ofrendas;
(Permita que sus estudiantes repitan la línea).
Una décima parte de todo lo que tengo.
(Permita que sus estudiantes repitan la línea).

Cobrador de impuestos:
Por favor, Dios, ¡ten compasión de mí!
(Permita que sus estudiantes repitan la línea).
Por favor, Dios, soy un pecador.
(Permita que sus estudiantes repitan la línea).
Por favor, Dios, ¡ten compasión de mí!

(Permita que sus estudiantes repitan la línea).
Por favor, Dios, soy un pecador.
(Permita que sus estudiantes repitan la línea).
Por favor, Dios ¡ten compasión de mí!
(Permita que sus estudiantes repitan la línea).
Por favor, Dios, soy un pecador.
(Permita que sus estudiantes repitan la línea).
Por favor, Dios, ¡ten compasión de mí!
(Permita que sus estudiantes repitan la línea).
Por favor, Dios, soy un pecador.
(Permita que sus estudiantes repitan la línea).

Narrador:
Los dos hombres se fueron del Templo luego de haber orado a Dios. Puede sorprenderles saber que fue el cobrador de impuestos y no el fariseo el que complació a Dios. La verdad en esta historia es que si nos engrandecemos ante otros, seremos humillados. Pero si nos humillamos, seremos honrados. Cuando hables a Dios en oración, pídele ayuda para hacer lo bueno.

¡Hazlo un musical!

Para esta versión de la historia, use Accesorios de Zona® como apoyo. Entregue a los que hacen la parte del fariseo los pompones metálicos y las maracas de plástico. Entregue a los que hacen el papel de cobradores de impuestos un corazoncito de cristal. Como el director de un musical, explique al reparto que las partes que repitieron anteriormente tendrán que ser cantadas al ritmo de "Rema, rema, rema tu bote". Los que actúan como fariseos agitarán sus Accesorios de Zona® al final de cada estrofa. Los que hacen la parte del cobrador de impuestos extenderán una mano con el corazoncito de cristal en sus palmas, hacia arriba, cada vez que canten, "Por favor, Dios, ten compasión". Después tienen que cerrar el puño y ponerlo sobre el corazón cuando canten, "Soy un pecador". Primero cante las partes a cada grupo, y después diríjales cantándolas con usted.

Fariseo:
Dios, te doy gracias porque no soy codicioso,
codicioso o deshonesto o infiel. *(Agite).*
Estoy alegre que no soy como él;
Dejo de comer por dos días a la semana. *(Agite).*

Y doy grandes ofrendas, el diezmo de lo que tengo,
Y doy grandes ofrendas, el diezmo de lo que tengo.
(Agite).

Cobrador de impuestos:
Por favor, Dios, ten compasión de mí
(Extienda la mano con la palma abierta).
Soy un pecador.
(Cierre el puño).
Por favor Dios, ten compasión de mí.
(Extienda la mano con la palma abierta).
Soy un pecador.
(Cierre el puño).

(Repita dos veces más).

Escoja una o más actividades para sumergir a sus estudiantes en la historia bíblica.

Materiales:
ninguno

Accesorios de Zona®:
bolsas de pepitas de oro

La pepita de oro

Pase las dos **bolsas de pepitas de oro** alrededor del grupo, invitando a cada estudiante a tomar unas cuantas piedritas de "oro " en sus manos. Explique que estas son las pepitas de oro de la historia. Tome unas cuantas pepitas en su propia mano. Cada vez que haga una pregunta, sacuda sus pepitas de oro de la historia y permita que los niños y las niñas sacudan las suyas.

Pregunte: ¿El fariseo estaba contento porque no era como cuál persona? *(el cobrador de impuestos)* **¿Qué dejaba de hacer dos días a la semana?** *(comer)* **¿El fariseo estaba orgulloso porque cuánto ofrendaba?** *(la décima parte de todo lo que tenía)* **¿Qué quería el cobrador de impuestos, la bendición de Dios o su compasión?** *(su compasión)* **¿Por qué?** *(porque era pecador)* **¿Quién oró correctamente, el fariseo o el cobrador de impuestos?** *(el cobrador de impuestos)* **¿Qué es más importante, orar a Dios con presunción o con humildad?** *(con humildad)* **¿Cuál es la pepita de oro más grande de nuestra historia?** *(Debemos orar a Dios con humildad).*

Permita que sus estudiantes agiten sus pepitas de oro de la historia mientras usted repite la pepita de oro con ellos, "Debemos orar a Dios con humildad".

Diga: Debemos dar gracias a Dios cuando oramos, pero no presumiendo. Necesitamos ser humildes cuando hablamos con Dios. Ser humilde significa no presumir. Podemos hablar con Dios de cualquier cosa; y algunas veces cuando oramos, le pedimos que nos ayude a hacer lo correcto. *(Pida a sus estudiantes que devuelvan las pepitas de oro a las bolsas)*

Materiales:
Reproducible 10B
papel para tarjetas
marcadores de felpa
tijeras

Accesorios de Zona®:
ninguno

¡Habla con Dios!

Antes de la clase, haga dos fotocopias por estudiante de las tarjetas de oración (**Reproducible 10B**) en papel para tarjetas. Recorte las tarjetas.

Diga: Es fácil recordar hablar con Dios si nos hacemos el hábito de orar a ciertas horas o lugares. Algunas veces necesitamos pequeños recordatorios cuando comenzamos con un nuevo hábito. Hoy van a decorar un juego de tarjetas de oración para poner en varios lugares en casa para recordarles a orar. También harán un juego de tarjetas para regalarlas a otra persona. *(Entregue dos juegos de tarjetas, junto con marcadores de felpa. Indíqueles que coloreen las tarjetas para oración para cuando salen de viaje en el auto, oración para la hora del baño, oración para comer y oración para la hora de acostarse)* **Cuando ustedes viajan en el coche, en autobús o a pie, pueden compartir sus pensamientos con Dios. Cuando se bañan en la tina, pueden pedirle a Dios que los limpie de pecado. A la hora de la comida, pueden dar gracias a Dios por la comida y por otras cosas buenas en su vida. Cuando se vayan a la cama, pueden orar por su familia y amigos. Pongan las tarjetas en lugares especiales para que les recuerden de la oración.**

Anímeles a regalar el juego adicional de tarjetas.

 de Vida

Escoja una o más actividades para que la Biblia cobre significado en la vida.

Canta y celebra

Ponga el cántico "Sirve a Dios" **(cántico 10 del disco compacto)**. Dé a cada estudiante una botella de burbujas con carita feliz. Invíteles a cantar nuevamente, esta vez celebrando la alegría que sienten llenando el cuarto con burbujas mientras cantan. (Es posible que necesiten ayuda abriendo las botellas).

Materiales:
tocadiscos de discos compactos

Accesorios de Zona®:
disco compacto
botellas de burbujas con carita feliz

Sirve a Dios

Sirve a Dios,
a Dios con alegría.
Sirve a Dios,
a Dios con alegría.
Y todo el pueblo
que espera en el Señor
sírvale.

Confía en Dios,
que siempre te guía.
Confía en Dios
que siempre te guía.
Y todo el pueblo
que espera en el Señor
confíe en Dios.

Gracias a Dios
por sus grandes hechos.
Gracias a Dios
por sus grandes hechos.
Y todo el pueblo
que espera en el Señor
gracias dé.

Ama a Dios,
pues te liberó.
Ama a Dios,
pues te liberó.
Y todo el pueblo
que espera en el Señor
ame a Dios.

LETRA: Jim Strathdee; trad. por Diana Beach.
MÚSICA: Jim Strathdee.
© 1977 Desert Flower Music; trad. © 2007 Desert Flower Music, Carmichael, CA 95609. Usado con permiso.

 de Vida

Escoja una o más actividades para que la Biblia cobre significado en la vida.

Materiales:
galletas en forma de pez
servilletas
bebida
vasos

Accesorios de Zona®:
ninguno

Acaba el pez

Diga: Cuando llegaron hoy, las galletas de pez nos ayudaron a deletrear la palabra *orar*. Un tipo de oración es la oración por otras personas. Es algo bueno que podamos orar por otras personas. Ahora vamos a comer las galletas así como a pensar en personas por la que podemos orar. *(Sirva el refrigerio. Pida a sus estudiantes que sigan las instrucciones para que puedan comer las galletas).* Come una galleta por tu maestra favorita. Come una galleta por tu abuela. Come tres galletas por tres buenos amigos. Come dos galletas por tus padres. Come una galleta por nuestro pastor. Come dos galletas por la gente de la iglesia. Es importante hablar con Dios acerca de la gente en tu vida. Pide ayuda a Dios para ser bueno con ellos y mostrarles tu amor.

Materiales:
Biblia

Accesorios de Zona®:
ninguno

Engrandecido

Reúna a sus estudiantes en un círculo. Levante la Biblia. Repita el versículo: "Porque el que a sí mismo se engrandece, será humillado; y el que se humilla, será engrandecido" (Lucas 18:14b). Pídales que lo repitan. Pida que cada tercer estudiante se ponga en cuclillas mientras el resto de la clase se queda de pie. Párese junto a unos niños o una niña en cuclillas y diga la primera parte del versículo bíblico, "Porque el que a sí mismo se engrandece". En este punto, hale al niño que está sentado para que se ponga de pie. En seguida acérquese al niño que está parado junto a usted y termine el versículo "será humillado". En este punto, empuje al niño que esté parado para que asuma la posición en cuclillas. Continúe alrededor del círculo. Anime al grupo a repetir el versículo con usted mientras va avanzando.

Diga: Hay una diferencia entre sentirse orgulloso y satisfecho por los logros obtenidos y ser presumido y orgulloso. Cuando hablen con Dios pueden pedirle ayuda para no ser presumidos y hacer lo correcto.

Materiales:
ninguno

Accesorios de Zona®:
ninguno

Despedida

Pida a sus estudiantes que formen un círculo. Enséñeles esta señal con la mano: levante sus manos a la altura de los hombros; vuelvan sus manos hacia fuera en dirección al vecino en cada lado, con los dedos juntos. Oprima sus manos abiertas en contra de las manos de sus vecinos para hacer manos de oración. Cuando hagan esta señal, pídales que oren en silencio.

Ore: Dios, juntamos nuestras manos en oración porque queremos hablar contigo. Ayúdanos a hacer lo correcto y a orar por otros. Amén.

Recuerde a sus estudiantes que regalen el segundo juego.

Haga una copia de Zona Casera® para cada estudiante.

Zona Bíblica®

 # Casera para padres

Versículo bíblico
Porque el que a sí mismo se engrandece, será humillado; y el que se humilla, será engrandecido.   Lucas 18:14b

Historia bíblica
Lucas 18:9-14

En la historia de hoy un fariseo y un cobrador de impuestos estaban orando. El fariseo se jactaba de su excelente conducta, mientras que el cobrador de impuestos simplemente suplicaba por el perdón de Dios. Jesús finalizó la historia diciendo que Dios sólo se complació con el arrepentido cobrador de impuestos. Su hijo o su hija aprendió a través de la historia y juegos lo que significa ser demasiado orgulloso y presumido. La lección enfatizó la importancia de hablar con Dios en oración y la oportunidad de pedir a Dios ayuda para hacer lo correcto.

Las actividades y la discusión ayudaron a hacer hincapié en que podemos hablar con Dios de cualquier tema, en cualquier momento, y en cualquier lugar. Una actividad de tarjetas de oración sugirió formar una rutina simple para ayudar a establecer la práctica de la oración. No sea tímido; dé el buen ejemplo de oración en su hogar.

Abrazo grupal de oración

Todos han visto un abrazo grupal de fútbol. Los jugadores se acomodan en un círculo muy cerrado, se abrazan y se inclinan hacia delante por la cintura. Agrupe a la familia para orar. Pida a los que se reúnan que susurren una preocupación, mencionen algo por lo que están agradecidos, digan el nombre de un amigo por el que quieren orar o cualquier otra oración. Concluya el abrazo grupal exclamando, "Señor, escucha nuestra oración. Amén".

Haz lo correcto

Trate de recordar las veces que ha necesitado pensar y orar sobre hacer lo correcto. Comparta estas experiencias de la vida real con su hijo o su hija. Dígale que usted ha tenido que encontrar el valor para hacer lo correcto. Explique cómo se siente después de tomar el camino correcto. Pida a otro miembro de la familia que también comparta sus experiencias.

 **Podemos hablar con Dios y pedirle que nos ayude a hacer lo correcto.**

PRIMARIOS MENORES: LECCIÓN 10

Llena el pez

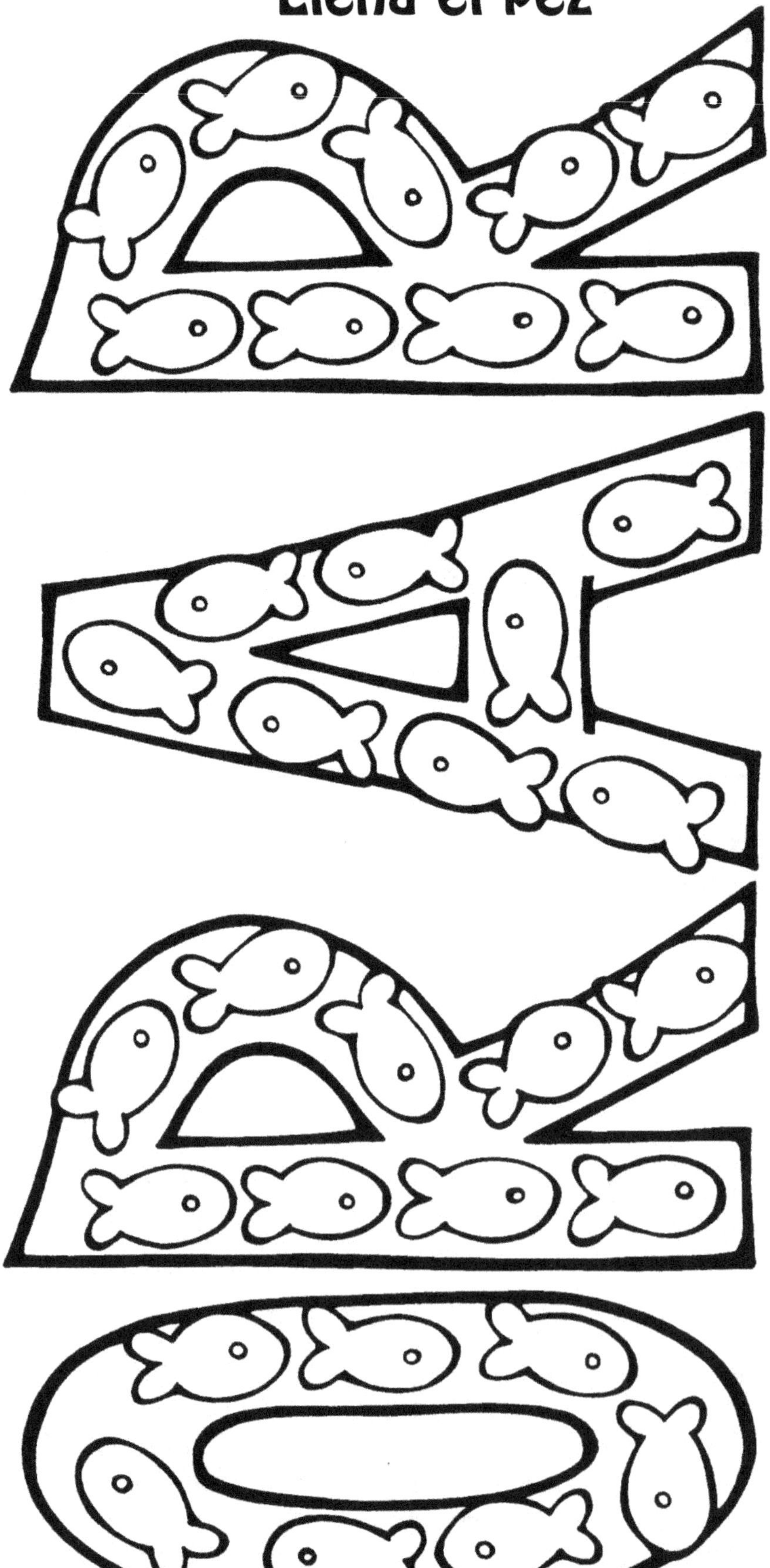

Reproducible 10A

Tarjetas de oración

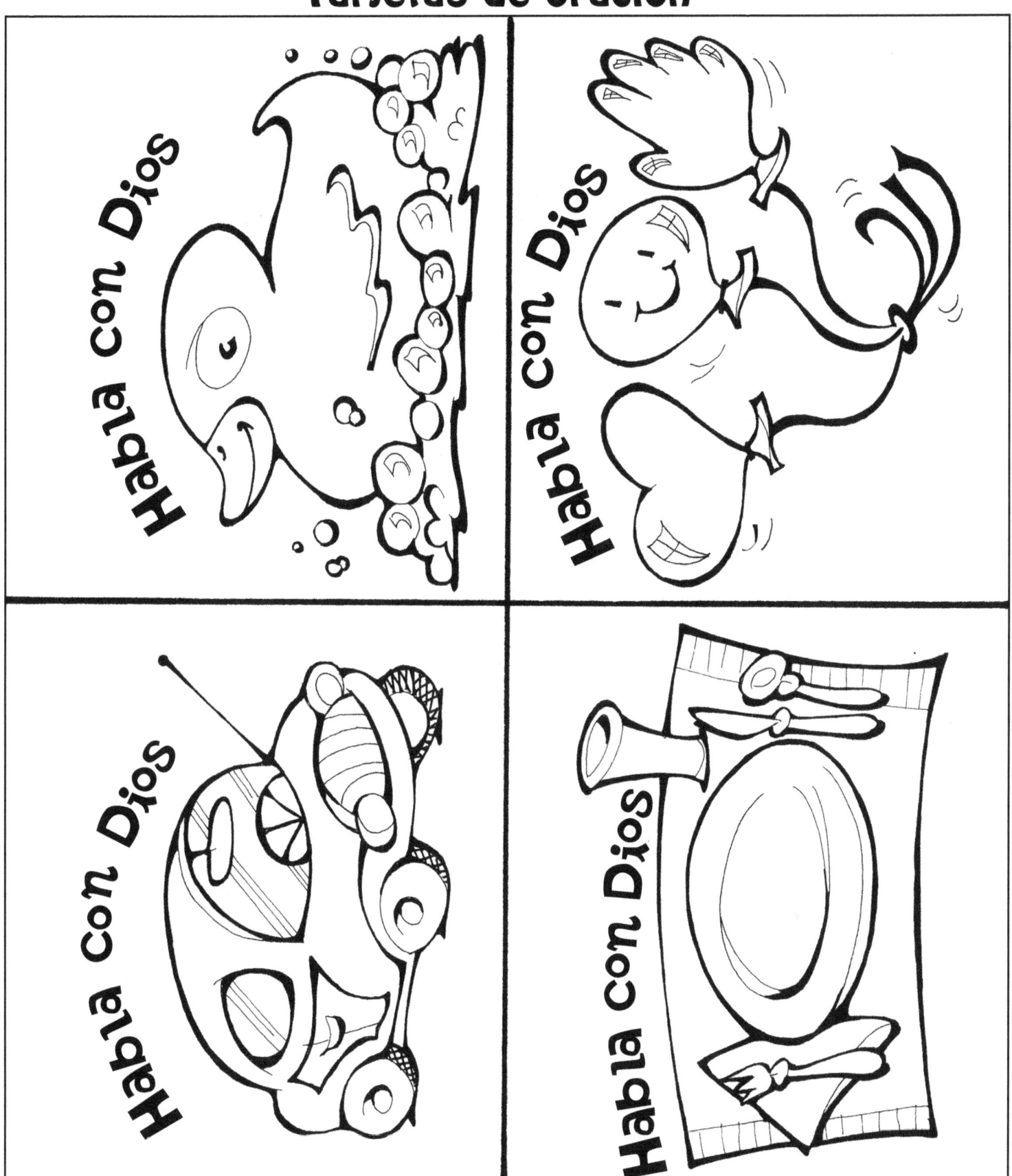

La ofrenda de la viuda

Entra a la ZONA

Versículo bíblico
El que me ofrece su gratitud, me honra.
Salmo 50:23

Historia bíblica
Lucas 21:1-14

Nuestras ofrendas representan la gratitud que sentimos ante la gracia de Dios. En los recuentos del Antiguo Testamento se presentan las primeras ofrendas en forma de sacrificios. Los animales que se sacrificaban incluían becerros, ovejas, palomas y pichones. Los animales tenían que ser sin mancha y libres de enfermedad. Las ofrendas de grano, también referidas como ofrendas de cereales o vegetales, consistían en masa blanca, pan sin levadura y espigas de granos. Estas ofrendas eran usadas como actos de acción de gracias y de adoración a Dios, como actos de expiación de pecados y para crear comunión entre Dios y la persona que presentaba la ofrenda.

Los judíos presentaban sus sacrificios y ofrendas en el Templo. Para aquellos que vivían fuera de Jerusalén, era muy difícil la transportación del animal que iba a ser sacrificado o los productos que iban a ser ofrendados. Así se convirtió en costumbre que esos creyentes dieran dinero en lugar de las otras ofrendas. En la historia bíblica de hoy Jesús estaba en el Templo observando a la gente traer sus ofrendas a la caja de las ofrendas.

La niñez comienza a interesarse en el dinero a una edad temprana. Temas acerca de cómo ganar dinero, si gastarlo o ahorrarlo, y lo que pueden comprar con él, les son familiares. Anime a sus estudiantes a compartir sus sentimientos y opiniones acerca del dinero. Usted puede considerar una visita al tesorero de la iglesia. Su grupo disfrutará aprendiendo como se cuenta el dinero y cómo se administra, y cómo es usado para hacer el trabajo de la iglesia.

Más allá de hablar de dinero, esta lección habla de ofrendas de tiempo y talentos. Los niños y las niñas de los primeros grados de escuela primaria algunas veces tienen dificultad en percibir sus talentos, como recursos con los cuales pueden servir a Dios y a la iglesia. Anímeles a pensar en las cosas en las que son talentosos y en las cosas que les gusta hacer. Déjeles ver que hay muchas maneras de ofrecer nuestros talentos a Dios. Y cuando los ofrecemos a Dios, ¡estamos dando gracias por los dones que Dios nos ha regalado!

Dar una ofrenda es una manera de alabar y dar gracias a Dios.

Vistazo a la

ZONA	TIEMPO	MATERIALES	ACCESORIOS DE ZONA®
Acércate a la ZONA®			
Llegada	10 minutos	Reproducible 11A, crayones	ninguno
Monedas increíbles	5 minutos	ninguno	pelotas coloridas de playa
Zona Bíblica®			
¡Agítalo!	5 minutos	frasco transparente con tapa hermética, moneda, agua	tres corazoncitos de cristal de colores
¿Qué ofrendarías?	5 minutos	ninguno	un corazoncito de cristal de colores
La ofrenda de la viuda	5 minutos	caja o canasta, monedas en una bolsa de papel o plástico	ninguno
La pepita de oro	5 minutos	ninguno	bolsas de pepitas de oro
Corazones agradecidos	5 minutos	Reproducible 11B, crayones o marcadores de felpa, Biblia, tijeras, cinta adhesiva	ninguno
Zona de Vida			
Canta y celebra	5 minutos	tocadiscos de discos compactos (opcional: papel, tijeras)	disco compacto
Alaba y da gracias	5 minutos	ninguno	peluches con brazos largos
Búsqueda de monedas	5 minutos	galletas de vainilla, papel aluminio, tijeras, jugo, vasos	ninguno
Despedida	5 minutos	ninguno	ninguno

◎ * Los Accesorios de Zona® se encuentran en el **Paquete de DIVERinspiración®**.

Acércate a la

Escoja una o más actividades para capturar la atención de sus estudiantes.

Materiales:
Reproducible 11A
crayones

Accesorios de Zona®:
ninguno

Llegada

Antes de la clase, saque una fotocopia del rompecabezas de la trucha arco iris (**Reproducible 11A**) para cada estudiante. Coloque los rompecabezas de la trucha arco iris y crayones sobre la mesa.

Mientras van llegando, salude a sus estudiantes diciendo, "Alabo y doy gracias a Dios por que hoy estás aquí". Invíteles a descodificar el rompecabezas. Quizá necesite ayudar a los lectores principiantes marcando una línea con crayón del color apropiado en las claves del rompecabezas. Cuando la forma del pez comience a aparecer, hábleles acerca de este pez.

Diga: Este pez se llama trucha arco iris porque sus escamas brillan como los colores del arco iris. Este pez y toda la creación que llena de color el mundo son regalos de Dios para nosotros. Una manera en que podemos alabar y dar gracias a Dios es ofrendando.

Materiales:
ninguno

Accesorios de Zona®:
pelotas coloridas de playa

Monedas increíbles

Reúna a sus estudiantes formando un círculo. Levante las pelotas de playa, una en cada mano.

Diga: Vamos a usar nuestra imaginación para transformar las pelotas hermosas en Monedas Increíbles. Lo que hace que estas monedas sean increíbles es que podemos adquirir con ella cualquier cosa que queramos, sin importar si cuesta mucho o poco. (Ponga una de las pelotas de playa en el piso y levante la otra).

Diga: Con esta primera Moneda Increíble, pueden imaginar que compran cualquier cosa para cada uno de ustedes. ¡Presten atención ahora porque la Moneda Increíble va a llegar a cada uno de ustedes!

Pase la Moneda Increíble al niño o niña a su izquierda. Invítele a mencionar una cosa que él o ella quisiera comprar. Mande la pelota alrededor del círculo para que todos tengan un turno. Alce la otra pelota.

Diga: Esta Moneda Increíble sólo puede ser usada para comprar algo que ayude a otras personas. Piensen en alguna manera que puedan usar esta Moneda Increíble para ayudar a un amigo, o a un niño o una niña en su escuela o comunidad, o a gente sin hogar que vive en un refugio.

Pase la segunda Moneda Increíble a la derecha, mandando la pelota alrededor del círculo para que todos tengan un turno.

Diga: Ustedes pensaron en maneras maravillosas de ayudar a otras personas con su Moneda Increíble. Cuando ofrendamos en la iglesia, nuestras monedas verdaderas pueden hacer cosas increíbles para ayudar. Compartir lo que tenemos es una manera en que podemos alabar y dar gracias a Dios.

Escoja una o más actividades para sumergir a sus estudiantes en la historia bíblica.

¡Agítalo!

Antes de la clase, coloque **tres corazoncitos de cristal de colores** y una moneda en el frasco transparente. Llene el frasco con agua y ponga la tapa apretándola bien. Mantenga el frasco fuera del alcance hasta que la clase esté lista para usarlo.

Traiga el frasco, pidiendo al grupo que se mantenga en silencio mientras cada uno tiene la oportunidad de agitar y examinar el contenido. Entonces alce el frasco para que todos lo vean mientras hace preguntas:

Pregunte: ¿Qué objetos en el frasco son iguales? *(los corazoncitos)* **¿Qué objeto es diferente?** *(la moneda)* **¿Esta moneda sería bien recibida como ofrenda?** *(sí)*

Diga: Una sola moneda o dos pueden ser una ofrenda importante, como ustedes aprenderán en la historia de hoy acerca de la ofrenda de la viuda. La viuda alabó y dio gracias a Dios con su ofrenda. ¡Nosotros también podemos hacer lo mismo!

Materiales:
frasco transparente con tapa hermética
moneda
agua

Accesorios de Zona®:
tres corazoncitos de cristal de colores

¿Qué podemos ofrendar!

Pida a sus estudiantes que se sienten formando un círculo.

Diga: Una ofrenda a Dios no tiene que ser en forma de dinero solamente. Pueden dar ofrendas de tiempo o talentos. Por ejemplo, ustedes podrían dar una ofrenda de tiempo si ayudaran a lavar los juguetes del salón de bebés o haciendo otro tipo de trabajo en la iglesia. O podrían dar una ofrenda usando uno de sus talentos o habilidades. Podrían tocar un instrumento para el programa de Navidad o decir chistes para animar a una persona enferma. Permita que cada estudiante piense en una manera en que podría alabar o dar en acción de gracia a Dios haciendo una ofrenda de tiempo o talento.

Permita que cada estudiante tenga un turno tomando en sus manos un corazoncito y diciendo de qué manera él o ella puede hacer una ofrenda de tiempo o talento. Si este es un concepto nuevo para su clase, ayúdeles pidiendo que piensen en algo que pueden hacer bien y/o que les gusta hacer, y entonces ayúdeles a percibir esto como un talento que pueden usar como ofrenda a Dios.

Diga: No importa si somos jóvenes o viejos, ricos o pobres. Todos podemos alabar y dar gracias a Dios haciendo ofrendas de algún tipo.

Materiales:
ninguno

Accesorios de Zona®:
un corazoncito de cristal de colores

PRIMARIOS MENORES: LECCIÓN 11

Historia de la  Bíblica

La ofrenda de la viuda

por Bárbara Younger

Para esta historia, usted hará el papel de Jesús, quien narra la historia. Sus estudiantes participarán actuando como la gente que traían sus ofrendas al Templo. Hay doce papeles: once papeles son de gente rica, y la última parte es la de la viuda pobre. Revise el guión, y después forme a su reparto.

Si no tiene doce estudiantes, puede eliminar algunas, pero no elimine a la persona 12, que es la viuda.

Dé a cada persona rica una bolsa de papel o plástico con monedas. Dé a la viuda solo dos centavos. Usted también necesitará una caja o canasta.

Explique que usted estará hablando como si fuera Jesús. Usted señalará a cada persona; cuando lo haga, esa persona caminará hacia enfrente para arrojar la ofrenda en la caja o canasta. Después de que los personajes hagan sus ofrendas, pida que se alejen de la caja de la ofrenda y que sigan escuchando la historia.

Miren a esta gente que esperan en fila para dar sus ofrendas.

(*Señale a la persona 1 para que ponga su ofrenda en la caja o canasta*).
Esa persona vende telas caras para hacer ropa y mantos.

(*Señale a la persona 2 para que ponga su ofrenda en la caja o canasta*).
Ese es el señor que tiene la gran prensa para aceitunas. Gana mucho dinero.

(*Señale a la persona 3 para que ponga su ofrenda en la caja o canasta*).
Vean al orfebre, que hace piezas hermosas de oro, pulseras, anillos, aretes, collares y hebillas para cinturones.

(*Señale a la persona 4 para que ponga su ofrenda en la caja o canasta*).
Ah, el cantero principal de la región, que se está volviendo rico.

(*Señale a la persona 5 para que ponga su ofrenda en la caja o canasta*).
Miren, esa persona tiene una flota muy grande de botes de pesca.

(*Señale a la persona 6 para que ponga su ofrenda en la caja o canasta*).
Oh, ese ahí cambia dinero y tiene mucho dinero.

(*Señale a la persona 7 para que ponga su ofrenda en la caja o canasta*).
Y este es el mercader de alfombras. Vende alfombras hermosas de seda y lana.

(*Señale a la persona 8 para que ponga su ofrenda en la caja o canasta*).
Seguramente este es el agricultor de uvas más exitoso de los alrededores.

(*Señale a la persona 9 para que ponga su ofrenda en la caja o canasta*).

El comerciante de camellos es rico.

(*Señale a la persona 10 para que ponga su ofrenda en la caja o canasta*).
Esa es la persona que heredó una gran fortuna del comerciante de especias.

(*Señale a la persona 11 para que ponga su ofrenda en la caja o canasta*).
Veo a ese príncipe extranjero en la fila, que vino aquí a presentar su ofrenda.

(*Señale a la persona 12 para que ponga su ofrenda en la caja o canasta*).
Ahora, miren a esa viuda pobre. No tiene familia que le ayude, sin embargo ¡dio todo el dinero que tenía!

Les digo, estas personas ricas dieron sólo un poco de lo mucho que tenían, pero la viuda pobre dio todo de lo poco que tenía. *(Distribuya los centavos otra vez. Actúe la versión moderna, y esta vez pase la caja o canasta por la fila).*
Es interesante ver a la congregación mientras se recoge la ofrenda.

(*Señale a la persona 1 para que ponga su ofrenda en la caja o canasta*).
Ahí está la persona dueña de la cadena de tiendas de ropa.

(*Señale a la persona 2 para que ponga su ofrenda en la caja o canasta*).
Ese es el señor dueño de la gran compañía procesadora de latas de aceitunas.

(*Señale a la persona 3 para que ponga su ofrenda en la caja o canasta*).
Ven al propietario de la joyería Torrente de Oro, que se especializa en pulseras, anillos, collares y aretes de oro.

(*Señale a la persona 4 para que ponga su ofrenda en la caja o canasta*).
Ah, el dueño de un gran negocio de construcción.

(*Señale a la persona 5 para que ponga su ofrenda en la caja o canasta*).
Miren, esa persona tiene una flota comercial muy grande de barcos de pesca.

(*Señale a la persona 6 para que ponga su ofrenda en la caja o canasta*).
Oh, ese es un banquero, que tiene mucho dinero en ahorros.

(*Señale a la persona 7 para que ponga su ofrenda en la caja o canasta*).
Y este es el director y accionista más importante de la fábrica más popular de alfombras.

(*Señale a la persona 8 para que ponga su ofrenda en la caja o canasta*).
Este es el más exitoso cultivador de uvas en toda la región, embotellando un delicioso jugo de uva.

(*Señale a la persona 9 para que ponga su ofrenda en la caja o canasta*).
Se nota que el dueño del solar de carros es muy exitoso.

(*Señale a la persona 10 para que ponga su ofrenda en la caja o canasta*).
Esa es la persona que heredó una gran fortuna.

(*Señale a la persona 11 para que ponga su ofrenda en la caja o canasta*).
Veo a esa personalidad de la televisión que vino a dar un regalo especial.

(*Señale a la persona 12 para que ponga su ofrenda en la caja o canasta*).
Miren a esa pobre mujer. No tiene casa, sin embargo dio todo el dinero que tenía en su bolsa. Les digo, esta gente rica dio sólo un poco de lo mucho que tenían, pero esta pobre viuda dio todo de lo poco que tenía.

Escoja una o más actividades para sumergir a sus estudiantes en la historia bíblica.

Materiales:
ninguno

Accesorios de Zona®:
bolsas de pepitas de oro

La pepita de oro

Pase las dos **bolsas de pepitas de oro** alrededor del grupo, invitando a cada estudiante a tomar unas cuantas piezas de "oro". Explique que estas son las pepitas de oro de la historia. Tome unas cuantas pepitas en su mano. Cada vez que haga una pregunta, sacuda sus pepitas de oro de la historia y permita que los niños y las niñas sacudan las suyas.

Pregunte: ¿Por qué la gente estaba dando bolsas con dinero? *(porque estaban ofrendando)* **¿La mayoría de la gente en la historia era rica o pobre?** *(ricos)* **¿Quién dio la cantidad más pequeña de dinero?** *(la viuda)* **¿Qué es más importante, dar una gran cantidad de dinero u ofrendar de corazón?** *(ofrendar de corazón)* **¿Cuál es la pepita de oro más grande de nuestra historia?** *(Es importante ofrendar de corazón).*

Permita que sus estudiantes agiten sus pepitas de oro de la historia mientras usted repite la pepita de oro con ellos, "Es importante dar una ofrenda que viene del corazón". Pídales que devuelvan las pepitas de oro a las bolsas.

Materiales:
Reproducible 11B
Biblia
crayones o marcadores de felpa
tijeras
cinta adhesiva

Accesorios de Zona®:
ninguno

Corazones agradecidos

Antes de la clase, fotocopie el Sobre de Ofrenda de Corazones Agradecidos (**Reproducible 11B**) para cada estudiante.

Levante una Biblia. Diga el versículo bíblico: "El que me ofrece su gratitud, me honra" (Salmo 50:23). Pida a la clase que lo repitan.

Diga: El versículo bíblico en su hoja dice,"El que me ofrece su gratitud, me honra" *(Pida que lo repitan).* **En este versículo bíblico, la palabra** *ofrece* **se refiere a una ofrenda a Dios. En los tiempos del Antiguo Testamento, la gente sacrificaba animales y algunas de sus cosechas para alabar y dar gracias a Dios. Hoy alabamos y damos gracias a Dios ofrendando nuestro tiempo, talentos y dinero. Podemos ofrendar todos los días dando gracias a Dios. Siendo agradecidos así le honramos.**

Pida a sus estudiantes que coloreen el frente del sobre y que usen tijeras para recortarlo. Pídales que hagan una ilustración en la parte en blanco del sobre, con dibujos sencillos, de algo por lo cual están agradecidos, como una clase de la iglesia, un amigo o talento. Permita que muestren su dibujo, diciendo, "Doy gracias por…" Para terminar los sobres, coloque el lado del sobre donde está el versículo bíblico hacia abajo en la mesa. Después levante cada lado hasta que la línea punteada del doblez sea revelada. Doble y ciérrelo con cinta adhesiva. Considere dejar que los niños y las niñas coloquen sus sobres en los platos de la ofrenda antes o durante el servicio de adoración, esta semana o la siguiente.

Diga: Ustedes han honrado a Dios con sus corazones agradecidos.

 de Vida

Escoja una o más actividades para que la Biblia cobre significado en la vida.

Canta y celebra

Enseñe a sus estudiantes el cántico "Dad gracias" (**cántico 13 del disco compacto**). Una manera divertida de cantarlo es dejando que sus estudiantes bailen mientras agitan los corazones de papel. Enséñeles cómo recortar un corazón sencillo de papel, doblando el papel a la mitad. (Puede dibujar líneas para guiarles, si quiere). Permita que agiten sus corazones y bailen mientras cantan nuevamente. Si su congregación canta un cántico especial cada semana después de recoger la ofrenda, como "A Dios el Padre celestial", dirija a sus estudiantes cantando también ese cántico.

Materiales:
tocadiscos de discos compactos
opcional: papel, tijeras

Accesorios de Zona®:
disco compacto

Dad gracias

Dad gracias de corazón.
Dad gracias al Santísimo.
Dad gracias porque ha dado
al Señor Jesús.

Dad gracias de corazón.
Dad gracias al Santísimo.
Dad gracias porque ha dado
al Señor Jesús.

Y ahora
diga el débil, fuerte soy.
Diga el pobre, rico soy
por lo que él
hizo en la cruz
por mí.

Y ahora
diga el débil, fuerte soy.
Diga el pobre, rico soy
por lo que él
hizo en la cruz
por mí.

Dad gracias.

LETRA: Henry Smith (Lucas 1:49-53); trad. por Marcos Witt, Juan Salinas, Luis Barrientos, Priscilla Eden, Lori Black Mathis.
MÚSICA: Henry Smith; arr. por Ken Barker.
© 1978 Integrity Music Inc.

 de Vida

Escoja una o más actividades para que la Biblia cobre significado en la vida.

Materiales:
ninguno

Accesorios de Zona®:
peluches con brazos largos

Alaba y da gracias

Reúna a sus estudiantes formando un círculo. Levante el **peluche con brazos largos**, identificándolo como el animal de alabanza. Levante el otro animal, identificándolo como el animal de dar gracias. Explique que los dos animales van a ser tirados alrededor del círculo al mismo tiempo. Cuando sus estudiantes atrapen el animal de alabanza, exclamarán, "¡Alabado sea Dios!" Cuando atrapen el animal de gratitud, exclamarán, "¡Gracias Dios!" Detenga el juego cuando usted quiera, dando las gracias a los animales por su ayuda.

Diga: Aun su alegría y risas son agradables a Dios. ¡Nuestra alabanza y gratitud son una ofrenda buena!

Materiales:
galletas de vainilla
papel de aluminio
tijeras
jugo
vasos

Accesorios de Zona®:
ninguno

Búsqueda de monedas

En muchas iglesias las monedas sueltas en la ofrenda se destinan para propósitos especiales, como por ejemplo un fondo de emergencia. Investigue cómo su iglesia usa ese dinero. Calcule cuántos estudiantes asistirán a la clase de hoy. Prepare un refrigerio recortando recuadros de papel de aluminio. Envuelva las galletas de tal manera que parezcan monedas de plata. Esconda las monedas alrededor del salón.

Diga: En nuestra historia la gente rica y la pobre trajeron dinero para ofrendar. Vamos a ver cuantas monedas de plata podemos encontrar. Según vayan encontrando las monedas, tráiganlas a la mesa. (*Mientras sus estudiantes buscan las galletas, sirva el jugo. Cuando todas las monedas hayan sido colectadas, pida que tomen sus asientos. Distribuya las monedas. Mientras disfrutan sus galletas, explique como las ofrendas de monedas son usadas en su iglesia, enfatizando que aun las monedas pequeñas pueden ayudar a otras personas*).

Materiales:
ninguno

Accesorios de Zona®:
ninguno

Despedida

Enseñe a sus estudiantes esta señal con la mano: Pida que dibujen un círculo que parezca una moneda, en la palma abierta. Pida que también dibujen con su dedo la figura de un corazón para representar sus corazones agradecidos. Explique que cuando escuchen las palabras *moneda* y *corazón*, deben hacer estas señales en sus manos.

Ore: Amado Dios, te alabamos y te damos gracias con nuestras ofrendas de monedas de oro y plata. Te alabamos y te damos gracias con nuestro tiempo, energía y talentos. Te honramos, Dios, con nuestros corazones agradecidos. Nuestros corazones agradecidos son una ofrenda para ti. Amén.

Haga una copia de Zona Casera® para cada estudiante.

Casera para padres

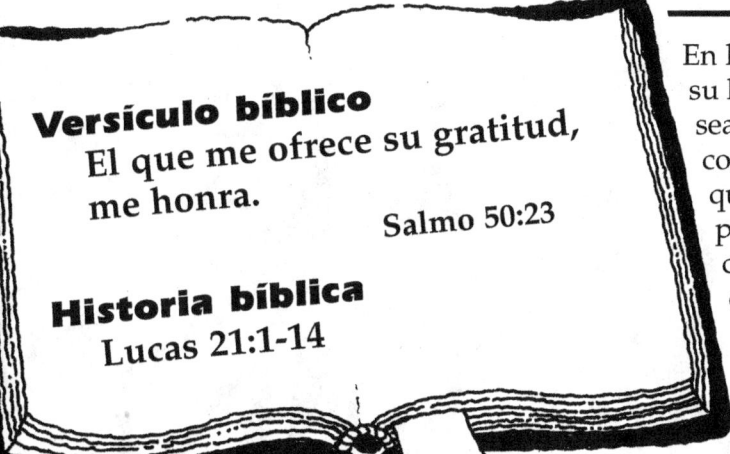

Versículo bíblico
El que me ofrece su gratitud, me honra.
Salmo 50:23

Historia bíblica
Lucas 21:1-14

En la historia acerca de la ofrenda de la viuda, su hijo o hija actuó uno de los personajes, ya sea el de una persona rica dando una bolsa con dinero como ofrenda, o la pobre viuda que dio sólo dos monedas. La clase actuó la parábola en dos versiones, en la época bíblica y en la época moderna, para ayudarles a comprender la situación de privilegio de la gente rica y la pobreza de la viuda. En la parábola, Jesús explicó que los ricos dieron un poco de lo mucho que tenían, pero la viuda dio todo de lo poco que tenía.

Hoy su hijo o hija aprendió maneras de alabar y dar gracias a Dios con ofrendas de dinero, tiempo, talento y con corazones agradecidos. Estas fueron discutidas en términos de ofrendas a la iglesia. Háblele no sólo de las ofrendas que hacemos a Dios en la iglesia, sino también de nuestra ofrenda en la comunidad, a través del trabajo, y por todo el mundo. Pídale que piense en una ofrenda que el o ella quiera dar la próxima semana, y ayúdele a hacer que la ofrenda se haga realidad. ¡Enseñe a su hijo o hija el gozo de dar y honrar a Dios con corazones agradecidos!

Cadena de agradecimiento

Recorte corazones de papel de construcción de colores con su hijo o su hija y tráigalos a una reunión familiar. Pida a todos que escriban nombres de personas, cosas o lugares por los que quisieran dar gracias a Dios. Junte los corazones formando una cadena y lea cada corazón durante una oración. Use la cadena de corazones para decorar una ventana o el marco de una puerta.

Juntando monedas

Su hijo o hija aprendió hoy que aun las ofrendas pequeñas son agradables a Dios. Proporcione oportunidades para que él o ella pueda ganar algunas monedas esta semana. Piense en una tarea o dos que pueda hacer diariamente para ganar dinero, como poner la mesa, ir por el periódico o darle de comer a la mascota. Si tiene un ayudante entusiasta, considere más trabajos como doblar las toallas, acomodar revistas o ayudar a un hermanito a recoger los juguetes. Deje que coloque el dinero en un recipiente especial cada día y que disfrute contándolo. Al final de la semana, elógiele por su trabajo y la acumulación de monedas. No se olvide de hacer que lleve la ofrenda, que ganó con su arduo trabajo, a la iglesia el domingo.

Dar una ofrenda es una manera de alabar y dar gracias a Dios.

Permiso de fotocopiado otorgado para uso de la iglesia local. © 2007 Abingdon Press.

PRIMARIOS MENORES: LECCIÓN 11

Trucha arco iris

Reproducible 11A

Sobre de ofrenda de corazones agradecidos

El que me ofrece
su gratitud, me honra.
(Salmo 50:23)

PRIMARIOS MENORES: LECCIÓN 11   **Reproducible 11B**
Permiso de fotocopiado otorgado para uso de la iglesia local. © 2007 Abingdon Press.

Pedro y Juan en la puerta la Hermosa

Entra a la

Versículo bíblico
Jesucristo nos ha dado este mandamiento: que el que ama a Dios, ame también a su hermano.
1 Juan 4:21

Historia bíblica
Hechos 3:1-10

El libro de los Hechos narra la manera en que los discípulos proclamaban el evangelio de Jesús a la gente. La historia de hoy tomó lugar en el Templo de Jerusalén. Todos los días unas personas acomodaban a un hombre cojo junto a la puerta la Hermosa, la cual se cree que era la puerta al este en la muralla de Jerusalén.

Cuando el hombre cojo le pidió dinero a Pedro y Juan, ellos dijeron, "¡Míranos!". El hombre pensó que iba a recibir dinero. Pero Pedro dijo, "No tengo plata ni oro, pero lo que tengo te doy. En el nombre de Jesucristo de Nazaret, levántate y anda". El hombre no sólo se paró y caminó. ¡Él caminó, saltó y alabó a Dios durante todo su camino al Templo! Este fue el primer milagro realizado por los discípulos luego del Pentecostés.

Esta historia narra como Pedro y Juan trabajaron en conjuntos para sanar al hombre cojo en el nombre de Jesucristo. La lección de hoy enseña a sus estudiantes que las personas cristianas todavía trabajan en conjuntos para ayudar. Sus estudiantes apenas entienden los aspectos del trabajo de la iglesia. Permita que comprendan que la misión de la iglesia requiere esfuerzo, entusiasmo, cooperación y trabajo en equipo.

Sus estudiantes pueden apreciar la importancia de ayudar a otras personas, dado que frecuentemente necesitan ayuda. Además, a la mayoría de los niños y las niñas les gusta estar ocupados y poder ayudar. Sin embargo saben, por sus experiencias en la escuela, en el vecindario y en el hogar, que trabajar en conjuntos puede ser difícil. Hágales claro que como personas cristianas, este es nuestro llamado y es una destreza que debemos tratar de mejorar constantemente. No es siempre fácil ayudar a otras personas, pero las recompensas son grandes. Permítales ver su entusiasmo por el trabajo que usted hace en la iglesia y su gratitud por la ayuda que recibe de otros hermanos y hermanas en Cristo, ¡incluyendo los maravillosos estudiantes de su clase de Zona Bíblica®!

La gente de la iglesia trabaja en conjunto para ayudar a otras personas.

Vistazo a la

ZONA	TIEMPO	MATERIALES	ACCESORIOS DE ZONA®
Acércate a la ZONA			
Llegada	10 minutos	Reproducible 12A, crayones, tijeras, cinta adhesiva o engrapadoras, sobre grande	ninguno
La pelota del equipo	5 minutos	marcador permanente	pelotas coloridas de playa
Zona Bíblica®			
Encuentra el nuevo Accesorio de Zona®	5 minutos	funda de almohada	variedad de Accesorios de Zona®, pelotas brillantes saltarinas
Pedro y Juan trabajaron en conjunto	5 minutos	Reproducible 12B, tijeras, crayones	ninguno
La pepita de oro	5 minutos	ninguno	bolsas de pepitas de oro
Saltos amorosos	5 minutos	Biblia	pelota brillante saltarina
Decora el folleto	5 minutos	marcadores de felpa o crayones	ninguno
Zona de Vida			
Canta y celebra	5 minutos	tocadiscos de discos compactos	disco compacto
Regalos de agradecimiento	5 minutos	cajas de plástico o de papel, pegamento	letras del abecedario de plástico, corazoncitos de cristal de colores
Ensambla la merienda	5 minutos	Ver la página 150	ninguno
Despedida	5 minutos	ninguno	ninguno

◎ * Los Accesorios de Zona® se encuentran en el **Paquete de DIVERinspiración®**.

PRIMARIOS MENORES: LECCIÓN 12

Acércate a la

Escoja una o más actividades para capturar la atención de sus estudiantes.

Materiales:
Reproducible 12A
crayones
tijeras
cinta adhesiva o engrapadoras
sobre grande

Accesorios de Zona®:
ninguno

Llegada

Antes de la clase, saque una o más fotocopias de las cadenas de peces (**Reproducible 12A**) para cada estudiante.

Mientras los niños y las niñas van llegando, diríjales a las hojas reproducibles y a los materiales.

Diga: Por favor coloreen y recorten los peces. Vamos a trabajar en conjuntos haciendo una cadena de peces.

Cuando terminen de colorear, pídales que recorten los peces y que los unan en una cadena con cinta adhesiva o grapas. Levante las cadenas terminadas.

Diga: El pez era el símbolo secreto de los cristianos hace mucho tiempo. ¡Pero hoy este símbolo ya no es secreto! Esta hermosa cadena de peces representa nuestra fe cristiana. ¡Ustedes lograron trabajar muy bien juntos! Vamos a decidir a quién podemos regalarla.

Permita que la clase escoja a alguien en su iglesia que necesite un poco de ánimo. Enséñeles como doblar la cadena y guardarla en el sobre. Prometa, ponerle la dirección al sobre, que lo enviará por correo muy pronto y que incluirá una nota explicando el significado de la cadena.

Diga: La gente de la iglesia trabaja en conjunto para ayudar a otras personas. Ustedes trabajaron en conjuntos haciendo esta linda cadena y al enviarla por correo están ayudando a alegrarle el día a *(nombre de la persona)*.

Materiales:
marcador permanente

Accesorios de Zona®:
pelotas coloridas de playa

La pelota del equipo

Levante ambas **pelotas coloridas de playa**.

Diga: Hoy nuestras pelotas hermosas se transformarán en las pelotas del equipo. ¿Alguna vez han visto una pelota firmada por un equipo de fútbol americano, béisbol, fútbol o baloncesto? Vamos a firmar estas pelotas. Cuando los cristianos trabajan en conjunto para ayudar a otras personas, están trabajando en equipo.

Pase las pelotas para que las firmen. Pídales que dibujen una cruz, un corazón o un pez cerca de sus nombres. Cuando terminen, levante las pelotas.

Diga: Juntas, sus firmas decoraron dos hermosas pelotas del equipo. Vamos a guardar una aquí para usarla en nuestra actividad de la Pelota Hermosa de la próxima semana, pero vamos a regalar la otra al salón de bebés. A los bebés les encantará jugar con tan hermosa pelota del equipo.

Entregue la pelota al salón de bebés ahora, o cuando sea más conveniente.

ZONA BÍBLICA

Escoja una o más actividades para sumergir a sus estudiantes en la historia bíblica.

Encuentra el nuevo Accesorio de Zona

Materiales:
funda de almohada

Accesorios de Zona®:
variedad de Accesorios de Zona®
pelotas brillantes saltarinas

Hasta ahora usted ha usado todos los Accesorios de Zona® a excepción de las dos **pelotas brillantes saltarinas**. Antes de la clase, coloque en la funda de almohada un Accesorio de Zona® por cada estudiante. Agregue las dos pelotas brillantes saltarinas. No deje que se asomen a la funda. Levante la funda.

Diga: Vamos a trabajar juntos recordando todos los Accesorios de Zona® que hemos usado hasta ahora. *(Deje que los niños y niñas nombren los Accesorios de Zona®. Usted puede asomarse a la funda para asegurarse que los nombren todos. No mencione las pelotas brillantes saltarinas)* **Dentro de esta funda hay muchos Accesorios de Zona® que hemos usado hasta ahora y dos nuevos Accesorios de Zona®. Cuando tengan la funda en sus manos, palpen el accesorio por fuera y adivinen qué es; después sáquenlo de la funda. Pero no digan nada acerca de los dos nuevos accesorios y no los saquen de la funda.**

Cuando lleguen al último niño o niña, deje que él o ella diga cuál es el último Accesorio de Zona® restante y que lo saque.

Pregunte: ¿Y cuál creen que es el nuevo accesorio? *(Deje que su estudiante adivine y que saque ambas pelotas de la bolsa).* **Sí, una pelota. Pero estas no son pelotas comunes. Son pelotas brillantes. En la historia de hoy un hombre saltó para alabar a Dios. Ustedes van a tomar turnos haciendo que estas pelotas salten y brillen en honor al hombre de la historia de hoy.**

Demuestre cómo rebotar la pelota en una superficie dura. Puede tomar uno o dos rebotes para que la pelota empiece a brillar. Algunas veces las pelotas necesitan una pausa antes de brillar otra vez. Advierta a sus estudiantes que las pelotas son de plástico duro y que no deben dejar que les peguen en la cara.

Diga: Trabajamos en conjuntos adivinando los accesorios. En la historia de hoy veremos a dos discípulos, Pedro y Juan, trabajando en conjuntos para ayudar a alguien que necesitaba mucha ayuda.

Historia de la 

Pedro y Juan trabajaron en conjunto

por Bárbara Younger

Saque varias copias del hombre saltarín (**Reproducible 12B**). Necesitará un títere para usted también.

Recorte las copias por el medio donde se indica. Prepare su títere de antemano o junto con sus estudiantes. Necesitará tijeras y crayones para terminar los títeres.

Dé a cada estudiante una copia del títere. Deje que coloreen el títere y que lo recorten. Después ayúdeles a recortar los huecos para las piernas de dedos (introducir los deditos para hacer de piernas).
Doblar el papel por el centro puede facilitar el trabajo.

Cuando los títeres estén terminados, enseñe a sus estudiantes como introducir su dedito índice y el del medio por los huecos para hacer que el títere camine.

Explique que mientras escuchan la historia, ellos tienen que seguir a su hombre saltarín y hacer que los suyos hagan los mismos movimientos.

(Pida a sus estudiantes que introduzcan sus deditos por los huecos del títere, pero que los mantengan quietos).

La historia bíblica de hoy se encuentra en el libro de los Hechos. Este libro nos cuenta del trabajo que los discípulos hicieron después que Jesús ascendió al cielo. Este es el hombre saltarín de nuestra historia. Pero en la historia él no comienza saltando. Él comienza en la historia como un hombre que no podía caminar.

(Haga que el títere y sus piernas de dedos se aplanen).

A las tres de la tarde, hora de la oración, dos discípulos de Jesús, Pedro y Juan, se acercaron al Templo. Unas personas traían a un hombre que había nacido cojo hasta la puerta del Templo.

(Haga que el títere se mueva como si estuviera siendo cargado).

Todos los días lo traían y lo acomodaban junto a la puerta, conocida como puerta la Hermosa. Él se sentaba allí para pedir limosna a la gente que entraba.

(Haga que el títere se siente).

El hombre vio a Pedro y a Juan entrando en el Templo, y les pidió dinero.

Pero ellos lo Miraron directamente y le dijeron, "¡Míranos!" El hombre los miró fijamente y pensó que iba a recibir algo.

(Haga que el hombre se siente un poco más derecho).

Pero Pedro dijo, "No tengo plata ni oro, pero lo que tengo te doy. En el nombre de Jesucristo de Nazaret, levántate y anda".

Pedro lo tomó de la mano y lo levantó.

(Haga que el títere se pare).

Enseguida los pies y los tobillos del hombre se fortalecieron.

(Haga que el títere mueva sus pies y piernas atrás y adelante).

Él entró con Pedro y Juan al Templo, caminando…

(Haga que el títere camine).

…y saltando…

(Haga que el títere salte).

…y alabando a Dios.

(Haga que el títere siga saltando y diciendo, "¡Alabado sea Dios! ¡Puedo caminar! ¡Alabado sea Dios!").

Todos lo vieron caminar y alabar a Dios. Ellos sabían que era el limosnero que había estado recostado junto a la puerta la Hermosa, y estaban completamente sorprendidos.

Y el hombre siguió saltando por mucho, mucho tiempo.

(Haga que el títere salte por un rato).

Escoja una o más actividades para sumergir a sus estudiantes en la historia bíblica.

Materiales:
ninguno

Accesorios de Zona®:
bolsas de pepitas de oro

La pepita de oro

Deje que cada estudiante ponga unas cuantas "pepitas de oro" en la palma de sus manos. Cada vez que haga una pregunta, las sacudirán.

Pregunte: ¿Cuál era el problema del hombre? *(Nació cojo).* **¿Cómo llegaba a la puerta la Hermosa?** *(La gente lo cargaba).* **¿Qué hicieron Pedro y Juan por ese hombre?** *(Le dijeron que en el nombre de Jesucristo se parara y caminara).* **¿Cómo mostró el hombre su felicidad?** *(Entró al Templo, caminando, saltando y alabando a Dios).* **¿Qué es más importante, que el hombre pidiera limosna en la puerta la Hermosa, o que Pedro y Juan le ayudaran en el nombre de Jesucristo?** *(que Pedro y Juan le ayudaran en el nombre de Jesucristo).* **¿Cuál es la pepita de oro más grande de nuestra historia?** *(Pedro y Juan ayudaron al hombre en el nombre de Jesucristo).*

Permita que sus estudiantes agiten sus pepitas de oro mientras usted repite la pepita de oro con ellos, "Pedro y Juan ayudaron al hombre en el nombre de Jesucristo". Pídales que devuelvan las pepitas de oro.

Materiales:
Biblia

Accesorios de Zona®:
pelota brillante saltarina

Saltos amorosos

Levante una Biblia. Diga el versículo de hoy: "Jesucristo nos ha dado este mandamiento: que el que ama a Dios, ame también a su hermano". Pida a los niños y a las niñas que lo repitan.

Diga: Una manera en que mostramos amor es ayudándonos unos a otros. Dejemos que cada estudiante tenga un turno rebotando la pelota brillante saltarina y diciendo una manera en la que hemos ayudado a alguien. Las luces de la pelota nos recuerdan al hombre cojo que saltaba de alegría. Cuando ayudamos a otras personas, ¡les llenamos de alegría, hacemos que Dios se llene de alegría y nosotros nos llenamos de alegría! Para mostrar nuestra felicidad vamos a hacer "chócalas" con nuestras manos. *(Primero usted hace el choque de las manos y diga, "Ama a Dios". Pida que su estudiante responda chocando su mano y diciendo, "y amémonos unos a otros". Indíqueles que intercambien "chócalas" con usted y entre ellos).*

Materiales:
crayones

Accesorios de Zona®:
ninguno

Decora el folleto

Sus estudiantes decorarán folletos para promocionar un evento de la iglesia. Antes de la clase escriba los detalles del evento en una hoja de papel. Haga por lo menos una fotocopia por estudiante. (Si no tiene un evento que anunciar, decore hojas en blanco y entregue los folletos a uno de los comités de la iglesia para uso futuro).

Diga: Estos folletos promocionan *(nombre el evento).* **Trabajaremos juntos para decorarlos. Los folletos invitarán a la gente a venir a este evento.**

 **de Vida**

Escoja una o más actividades para que la Biblia cobre significado en la vida.

Canta y celebra

Enseñe a sus estudiantes el cántico "Salta camina y alaba a Dios" (**cántico 14 del disco compacto**). Pídales que se distribuyan por el salón. Dígales que cada vez que canten el estribillo, deberán simular que son el hombre que estaba cojo, y tienen que bailar con gozo, así como él debió haber bailado.

Salta, camina y alaba a Dios

Salta, camina y alaba a Dios.
Salta, camina y alaba a Dios.
Salta, camina y alaba a Dios.
Salta y alaba a Dios.

Al cojo en el Templo Pedro sanó.
Al cojo en el Templo Pedro sanó.
Al cojo en el Templo Pedro sanó.
Y gloria daban a Dios.

Salta, camina y alaba a Dios.
Salta, camina y alaba a Dios.
Salta, camina y alaba a Dios.
Salta y alaba a Dios.

El hombre alegre cantó y saltó.
El hombre alegre cantó y saltó.
El hombre alegre cantó y saltó.
Y alababa a Dios.

Salta, camina y alaba a Dios.
Salta, camina y alaba a Dios.
Salta, camina y alaba a Dios.
Salta y alaba a Dios.

LETRA: Joyce Riffe; trad. por Carmen Saraí Pérez.
MÚSICA: Joyce Riffe.
© 1995 Cokesbury; trad. © 1996 Cokesbury, admin. por The Copyright Co.,
Nashville, TN 37212.

Materiales:
tocadiscos de discos compactos

Accesorios de Zona®:
disco compacto

 de Vida

Escoja una o más actividades para que la Biblia cobre significado en la vida.

Materiales:
cajas de plástico o papel
pegamento

Accesorios de Zona®:
letras del abecedario de plástico
corazoncitos de cristal de colores

Regalos

Compre cajas baratas para guardar comida o cajas de papel café con tapas, disponibles en las tiendas de manualidades.

Diga: Hoy vamos a hacer unos regalos como muestra de agradecimiento a las personas que trabajan arduamente por nuestra iglesia.

Juntos, mencionen a los miembros del personal de la iglesia y sus funciones. Pida a sus estudiantes que decoren las cajas con **las letras del abecedario** y los **corazoncitos de cristal**. Entréguelos ahora, si es conveniente. Si no, déjelos en los escritorios de cada persona o en su lugar de trabajo, con una nota de agradecimiento y una explicación del proyecto.

Materiales:
pastelitos de arroz
crema de cacahuate y/o queso crema suave
pasitas, chispas de chocolate, cochitos u otros ingredientes similares
tazones, platos, cucharas, cuchillos
servilletas
bebida
vasos

Accesorios de Zona®:
ninguno

Ensambla la merienda

Diga: Una línea de ensamblaje es un sistema en el cual cada persona tiene un trabajo por hacer. Así es como trabajamos en la iglesia, juntos para ayudar a otros. Cada uno tiene algo que hacer. *(Dé algunos ejemplos)*.

Ponga pastelitos de arroz en un plato, abra la crema de cacahuate y/o el queso crema, ponga uno o dos cuchillos cerca, y ponga los ingredientes en tazones con cucharas encima. Coloque a sus estudiantes a lo largo de la línea de ensamblaje, explicando a cada uno su trabajo. (Si tiene más niños y niñas que trabajos, dos niños pueden ayudar extendiendo la crema, alguien puede repartir servilletas, y alguien puede hacer trabajos graciosos como inspeccionar la merienda terminada). Vaya explicando lentamente los pasos que se requieren para prepararla. ¡Deje que la línea de ensamblaje empiece a funcionar!

Materiales:
ninguno

Accesorios de Zona®:
ninguno

Despedida

Reúna a sus estudiantes. Dígales que las señales de las manos de hoy simbolizan a la gente de la iglesia trabajando en conjunto para ayudar a otras personas. Indique que abran una palma. Enseñe como usar la otra mano para hacer las señales de la mano en la palma: *Martillo:* golpee con el puño; *Revolver:* dedo índice haciendo círculos; *Corte:* dedo índice y medio haciendo movimiento de tijeras; *Oración:* mano aplanada encontrando la otra palma; y *Salto*: los dedos saltando arriba y abajo en la palma. Pídales que hagan los movimientos cuando sean mencionados en la oración.

Ore: Amado Dios, estamos contentos de que la gente de la iglesia trabaja en conjunto para ayudar a otras personas. Nos alegra que martilleen casas *(pausa)* **y que revuelvan sopa** *(pausa)* **y que recorten el papel de envoltura** *(pausa)* **y oren por la paz y sanidad** *(pausa)* **y salten por el gusto que sienten de ayudar a otras personas. Amén.**

Haga una copia de Zona Casera® para cada estudiante.

 # Casera para padres

Versículo bíblico
Jesucristo nos ha dado este mandamiento: que el que ama a Dios, ame también a su hermano.
1 Juan 4:21

Historia bíblica
Hechos 3:1-10

El libro de los Hechos narra como los discípulos trabajaron en conjunto para llevar el mensaje de Jesucristo. En la historia bíblica de hoy Pedro y Juan se encontraron con un hombre cojo junto a la puerta la Hermosa, cerca del Templo de Jerusalén. Cuando el hombre les pidió dinero, los discípulos respondieron con algo mucho mejor que dinero. En el nombre de Jesucristo, ellos le ordenaron que se levantara. El hombre no sólo se levantó, sino que caminó, saltó y alabó a Dios en su camino al Templo.

Hoy su hijo o su hija aprendió que las personas cristianas trabajan en conjuntos para ayudar a otros en la iglesia, en la comunidad y más allá. Ayúdele a entender cómo usted escoge el trabajo que hace, y por qué es significativo para usted. Abajo hay sugerencias para proyectos familiares que ayudan a otras personas. Deje que escoja uno o dos.

Trabajando juntos como familia

Una lluvia de arte: Permita que la familia se siente junta a colorear o a hacer dibujos para alguien a quien le gustaría recibirlos. Ponga las pinturas en un sobre grande, junto con una nota de explicativa, séllelo y envíelo.

Fábrica de galletas: Hornee sus galletas favoritas y empáquelas para ser enviadas a personas que necesitan ser animadas con galletas.

Ayudantes alegres: Llame a un anciano o persona discapacitada y prométale una hora o dos de trabajo de parte de su familia en la fecha que la persona escoja. Los adultos, niños y niñas más grandes pueden hacer trabajo de jardinería o limpieza de la casa y los niños pequeños pueden traer un libro de bromas, o trabajo escolar, y/o un álbum de fotos para compartir mientras los demás hacen el trabajo.

La caja de regalo: Encuentre una caja grande y resistente y rete a la familia a llenarla con cosas para una agencia local de ayuda o una tienda de artículos de segunda mano en la comunidad. Busquen juguetes, ropa, libros, artículos del hogar y otros artículos útiles que su familia no necesita. Cuando se llene la caja, hagan un viaje para entregarla, y pueden parar a comprar helado de regreso a casa. Después de todo, ¡las familias que trabajan juntas también pueden disfrutar de un helado juntas!

La gente de la iglesia trabaja en conjunto para ayudar a otras personas.

Cadena de peces

Reproducible 12A

Permiso de fotocopiado otorgado para uso de la iglesia local. © 2007 Abingdon Press.

Zona Bíblica

Hombre saltarín

- -

Salmo 150

Entra a la Zona

Versículo bíblico

¡Alabado sea el Señor! ¡Alaben a Dios en su santuario!

Salmo 150:1a

Historia bíblica
Salmo 150

Los instrumentos musicales se han usado desde tiempos remotos para alabar y adorar a Dios. El Salmo 150 menciona muchos de estos instrumentos. La trompeta de los tiempos bíblicos era hecha de metal, hueso o concha, y producía un tono alto y brillante con un rango de cuatro o cinco notas. También eran populares los instrumentos de madera y viento como el clarinete, la tuba y la flauta. Un instrumento favorito de la gente de dinero era el arpa, que se fabricaba con detalles elegantes, y se tocaba tanto en el ambiente religioso como secular. Otro instrumento de cuerda era la lira, a la que también se le llama arpa en las Escrituras. La lira se hacía en diferentes formas y estilos, y era más fácil de cargar que el arpa. Los panderos se cargaban y tocaban con la mano, frecuentemente por mujeres. En los tiempos bíblicos, los címbalos se tocaban del mismo modo que hoy en día.

¡A sus estudiantes les gustan los instrumentos musicales! De ser posible, invite a algunos adolescentes o personas adultas en su congregación para que les visiten y toquen sus instrumentos para su clase. Considere invitar a su director musical para que hable a la clase acerca de la música en su iglesia y a lo mejor pueda darles una visita guiada a los salones que utiliza el coro. Y por supuesto, sus estudiantes de Zona Bíblica se deleitarán con la oportunidad de tocar unas cuantas notas en el órgano o piano que se usa en la adoración.

Mientras habla con sus estudiantes acerca de alabar a Dios, ayúdeles a entender que aunque la mayoría de las iglesias tienen una manera particular de adorar, la adoración no está limitada a la liturgia o tradición. Cada día tenemos la oportunidad de alabar a Dios con gozo y espontaneidad. Anime a sus estudiantes a disfrutar de ser niños y niñas y a usar sus mentes activas, cuerpos y personalidades para inventar maneras únicas y sinceras de dar gracias a Dios por las bendiciones recibidas. ¡Exclame alabanzas al Señor!

Es bueno alabar a Dios.

Vistazo a la

ZONA	TIEMPO	MATERIALES	ACCESORIOS DE ZONA
Acércate a la ZONA			
Sigue al pez	10 minutos	Reproducible 13A, marcadores de felpa o crayones	ninguno
Pelota aleluya	5 minutos	ninguno	pelota colorida de playa
Zona Bíblica			
Canasta de amigos	5 minutos	dos animales de juguete, canasta, trapo	peluches con brazos largos
¡Exclama alabanzas!	5 minutos	Reproducible 13B, tijeras, crayones, cinta adhesiva	ninguno
Salmo 150	5 minutos	Página 159, engrapadora, tijeras, sorbetes (popotes)	ninguno
La pepita de oro	5 minutos	ninguno	bolsas de pepitas de oro
Camino de alabanza	5 minutos	Biblia, cartulina o papel de estraza, marcadores de felpa o crayones (opcional: hilo de lana, papel, engrapadora)	peluches con brazos largos
Zona de Vida			
Canta y celebra	5 minutos	tocadiscos de discos compactos	disco compacto, pompones metálicos, maracas de plástico, animales del zoológico de peluche con brazos largos, pelotas coloridas de playa
Fiesta de alabanza	5 minutos	soda, vasos, servilletas, tocadiscos de discos compactos, palomitas de maíz	disco compacto
Adiós a los Accesorios de Zona®	5 minutos	ninguno	pompones metálicos, maracas de plástico, peluches con brazos largos, pelotas coloridas de playa, botellas de burbujas con carita feliz, pelotas brillantes saltarinas, flautas de plástico
Despedida	5 minutos	ninguno	ninguno

* Los Accesorios de Zona® se encuentran en el **Paquete de DIVERinspiración®**.

Acércate a la

Escoja una o más actividades para capturar la atención de sus estudiantes.

Materiales:
Reproducible 13A
marcadores de felpa o crayones

Accesorios de Zona®:
ninguno

Sigue al pez

Antes de la clase, saque una fotocopia de Sigue al Pez (**Reproducible 13A**) para cada estudiante.

Mientras sus estudiantes van llegando diga, "¡Alabado sea el Señor! ¡Estoy contento(a) de verte!" Entrégueles una copia de Sigue al Pez, explicando que primero tienen que trazar una línea uniendo las figuras iguales en los ojitos de los peces y luego deben colorear cada pez de un color diferente para encontrar una palabra (*alaba*). Si sus lectores principiantes no conocen esta palabra, ayúdeles a pronunciarla.

Pregunte: ¿Qué palabra encontraron? *(alaba)* **¡Hoy vamos a encontrar maneras de alabar a Dios! La Biblia nos dice que es bueno alabar a Dios. ¿Qué significa alabar a Dios?** *(honrar a Dios y darle gracias)* **¿Cuáles son algunas maneras en que podemos alabar a Dios?** *(viniendo al culto de adoración a cantar, orar y aprender; participando en la escuela dominical y otras actividades de la iglesia; ayudando a otras personas; dando gracias a Dios diariamente con nuestras oraciones y nuestras acciones).*

Materiales:
ninguno

Accesorios de Zona®:
pelota colorida de playa

Pelota aleluya

Levante la **pelota colorida de playa**. (Puede decir algo acerca de la pelota que se entregó al salón de los bebés, como, "¡Puedo asegurarles que los bebés están disfrutando la pelota del equipo que les regalamos!").

Indique a sus estudiantes que se paren formando un semicírculo alrededor de usted.

Diga: Aquí está la Pelota Hermosa con todas sus firmas. Hoy la pelota será la Pelota Aleluya. La palabra *aleluya* **es una palabra hebrea que significa, "¡Alabado sea el Señor!"**

Pregúnteles si han escuchado anteriormente la palabra *aleluya*.

Diga: Hoy van a escuchar esta palabra muchas veces, porque vamos a decir aleluyas cuando tomemos la Pelota Aleluya. Cuando diga su nombre, quiero que den un paso adelante y que tomen la Pelota Aleluya, exclamando fuertemente, "¡Aleluya!" Después me la tiran a mí.

Cada vez que atrapen la pelota, exclamarán, "¡Aleluya!"

Si el tiempo lo permite, deje que sus estudiantes tomen turnos siendo los líderes y diciendo en voz alta los nombres.

Diga: ¡Qué manera tan creativa y divertida de alabar a Dios!

Escoja una o más actividades para sumergir a sus estudiantes en la historia bíblica.

Canasta de amigos

Para esta actividad usted necesitará dos animales de juguete además de los Accesorios de Zona®. Antes de la clase, coloque los dos animales de juguete y los dos **animales de peluche con brazos largos** en la canasta. Cubra la canasta con el trapo. No deje que los niños y las niñas se asomen a la canasta.

Diga: Quiero que cierren los ojos. Les voy a pasar algunas cosas en una canasta. Quiero que toquen lo que hay adentro sin mirar. Busquen, a ver si pueden encontrar dos viejos amigos y dos nuevos amigos.

Quite el trapo de la canasta y pase la canasta. Una vez que todos hayan tenido un turno para tocar los animales, pueden abrir los ojos.

Pregunte: ¿Qué amigos conocidos encontraron? *(animales de peluche con brazos largos)*

Alce los animales de peluche y pida a todos que digan, "¡Aleluya!"

Pregunte: ¿Qué más encontraron?

Alce los otros animales y pida a todos que digan, "¡Aleluya!"

Diga: La historia bíblica de hoy es un salmo. El salmo termina diciendo, "¡Que todo lo que respira alabe al Señor!" Por eso es que hoy traje estos viejos y nuevos amigos para introducir nuestra historia.

Materiales:
dos animales de juguete
canasta
trapo

Accesorios de Zona®:
peluches con brazos largos

¡Exclama alabanzas!

Antes de la clase, fotocopie el megáfono (**Reproducible 13B**), uno por estudiante y uno para usted. De antemano, recorte, coloree y pegue su megáfono.

Alce el megáfono hasta su boca y exclame: "El versículo bíblico de hoy es, '¡Alabado sea el Señor! ¡Alaben a Dios en su santuario!'"

Indique a sus estudiantes que junten sus manos alrededor de su boca y que griten el versículo junto con usted.

Diga: Creo que no lo hicieron suficientemente fuerte. Creo que necesitan sus propios megáfonos.

Entrégueles las copias del reproducible y los otros materiales.

Una vez que los megáfonos estén terminados, diríjales exclamando el versículo a través de ellos varias veces. Quizás pueden visitar otro grupo que disfrute de la compañía de los niños y niñas con sus megáfonos.

Materiales:
Reproducible 13B
crayones
cinta adhesiva
tijeras

Accesorios de Zona®:
ninguno

Historia de la  Bíblica

Salmo 150

por Bárbara Younger

Fotocopie la página de los nombres de instrumentos (página 159). Usted necesitará un instrumento por estudiante, así que haga tantas fotocopias como sean necesarias. Si no tiene suficientes niños y niñas para cada instrumento, pueden tener dos instrumentos.

Engrape el nombre de cada instrumento al extremo de un sorbete (popote). Si el espacio lo permite, acomode las sillas formando un semicírculo sencillo o doble, estilo orquesta.

Diga: En los tiempos de la Biblia, al igual que hoy, los instrumentos musicales se usaban para adorar y alabar a Dios. En el Salmo 150 se usan muchos instrumentos musicales para alabar a Dios.

Reparta los nombres de los instrumentos. Imite un sonido para acompañar a cada uno y pida a sus estudiantes que practiquen junto a usted:

Trompeta: Tu, tu, tu. Tu, tu, tu.
Arpa: Plin, plinti plin. Plin, plinti plin.
Pandero: Ban, Ban, ban. Ban, ban, ban.
Instrumentos de cuerda: Din, din, din, din, din, din.
Flauta: Bu, bu, bu. Bu, bu, bu.
Platillos: Pla, pla, pla. Pla, pla, pla.

Diga: Me pararé enfrente de ustedes y seré el conductor leyéndoles el salmo. Cuando escuchen el nombre de su instrumento musical que se menciona en el salmo, párense, ondeen su instrumento y hagan el sonido de su instrumento claro y fuerte.

Lea el salmo, pausando cada vez que mencione un instrumento.

¡Alabado sea el Señor!
¡Alaben a Dios en su santuario!
¡Alábenlo en la majestuosa bóveda celeste!
¡Alábenlo por sus hechos poderosos!
¡Alábenlo por su grandeza infinita!

¡Alábenlo con toques de **trompeta**!
¡Alábenlo con **arpa** y salterio!
¡Alábenlo danzando al son de **panderos**!
¡Alábenlo con **flautas** e **instrumentos de cuerda**!
¡Alábenlo con **platillos** sonoros!
¡Alábenlo con **platillos** vibrantes!
¡Que todo lo que respira alabe al Señor!
¡Alabado sea el Señor!

(Si tiene el tiempo, permita a sus estudiantes cambiar instrumentos; lea el salmo otra vez).

TROMPETA	INSTRUMENTOS DE CUERDA
ARPA	FLAUTAS
PANDERO	PLATILLOS

Escoja una o más actividades para sumergir a sus estudiantes en la historia bíblica.

Materiales:
ninguno

Accesorios de Zona®:
bolsas de pepitas de oro

La pepita de oro

Deje que cada estudiante ponga unas cuantas **"pepitas de oro"** en la palma de sus manos. Cada vez que haga una pregunta, los niños y las niñas sacudirán sus pepitas de oro de la historia.

Pregunte: ¿A quién dice el salmo que hay que alabar? *(Dios)* **¿Qué instrumentos se mencionan en el salmo?** *(trompetas, arpas, panderos, instrumentos de cuerda, flautas y platillos)* **¿Dice el salmo que debemos dar gritos por pequeñeces todo el tiempo, o que debemos alabar a Dios a toda voz y con instrumentos musicales?** *(Debemos alabar a Dios con nuestras voces e instrumentos musicales).* **¿Cuál es la pepita de oro más grande de nuestra historia?** *(Debemos alabar a Dios con nuestras voces e instrumentos musicales)*

Permita que agiten sus pepitas de oro de la historia mientras usted repite con ellos, "Debemos alabar a Dios con nuestras voces e instrumentos musicales".

Diga: Cuando venimos a la iglesia, alabamos a Dios con nuestras voces y con instrumentos musicales. Pero ustedes pueden alabar a Dios con voces e instrumentos musicales dondequiera que vayan, no solo en la iglesia. ¡Es bueno alabar a Dios! *(Pídales que devuelvan las pepitas de oro a las bolsas).*

Camino de alabanza

Materiales:
Biblia
cartulina o papel de estraza
marcadores de felpa o crayones
opcional: hilo de tejer, papel, engrapadora

Accesorios de Zona®:
peluches con brazos largos

Haga un camino de alabanza en una hoja de cartulina o papel de estraza. Dibuje un camino sinuoso. Escriba cuatro o cinco veces a lo largo del camino: "¡Alabado sea el Señor!" con letras decorativas. Coloque el camino en el suelo o en la mesa. Opcional: en lugar de usar cartulina, haga un camino de hilo de tejer (estambre) en hojas de papel pequeñas que digan, "¡Alabado sea el Señor!"

Levante una Biblia. Repita el versículo bíblico: "¡Alabado sea el Señor! ¡Alaben a Dios en su santuario!" (Salmo 150:1). Pida a la clase que lo repita. Alce los **animales de peluche con brazos largos**.

Diga: Estos amigos quieren gritar, "¡Alabado sea el Señor!", pero como ellos no pueden hablar, necesitan ayuda. Cuando sea su turno, haga que ellos sigan el camino de alabanza. Cuando lleguen a la frase "¡Alabado sea el Señor!" haga que exclamen las palabras en sus más chistosas y fuertes voces de animales del zoológico.

Indique a los demás que hagan eco al "¡Alabado sea el Señor!" Cuando todos hayan tenido un turno, levante los animales nuevamente.

Diga: El salmo termina diciendo, "¡Que todo lo que respira alabe al Señor!". No sabemos si los animales verdaderamente alaban al Señor o no, pero es divertido pensar que cuando un perro menea la cola, o un gato ronronea, o un pájaro canta, o un delfín se sumerge en el mar, ellos al igual que nosotros están disfrutando de las maravillas del mundo de Dios. Sabemos que usamos nuestras voces para alabar a Dios.

 de Vida

Escoja una o más actividades para que la Biblia cobre significado en la vida.

Canta y celebra

Enseñe a su clase el cántico "Todos alaben" (**cántico 7 del disco compacto**). Deje que cada niño y niña escoja un Accesorio de Zona®. Permita que tomen turnos dirigiendo el desfile de alabanza alrededor del salón. Cada uno deberá menear su Accesorio de Zona® mientras todos cantan.

Materiales:
tocadiscos de discos compactos

Accesorios de Zona®:
disco compacto
pompones metálicos
maracas de plástico
peluches con brazos largos
pelotas coloridas de playa

Todos alaben

Todos alaben, aleluya.
Alabemos al Señor.
Todos alaben, aleluya.
Alabemos al Señor.

Alabemos con la trompeta,
con el arpa y el laúd.
Con el pandero y con danza
alabemos al Señor.

Todos alaben, aleluya.
Alabemos al Señor.
Todos alaben, aleluya.
Alabemos al Señor.

Alabemos en su santuario
por sus proezas y amor.
Por su misericordia
alabemos al Señor.

Todos alaben, aleluya.
Alabemos al Señor.
Todos alaben, aleluya.
Alabemos al Señor.

Alabemos día y noche
en la tierra y en el mar.
Por toda su creación
alabemos al Señor.

Todos alaben, aleluya.
Alabemos al Señor.
Todos alaben, aleluya.
Alabemos al Señor.
Alabemos al Señor.

LETRA: J. Jefferson Cleveland; trad. por Diana Beach.
MÚSICA: J. Jefferson Cleveland.
© 1981 Jefferson Cleveland; trad. © 2007 J. Jefferson Cleveland.

Cantaré

Cantaré, cantaré canciones al Señor.
Cantaré, cantaré canciones al Señor.
Cantaré, cantaré canciones al Señor.
¡Aleluya! ¡Gloria al Señor!

¡Alelu, aleluya! ¡Gloria al Señor!
¡Alelu, aleluya! ¡Gloria al Señor!
¡Alelu, aleluya! ¡Gloria al Señor!
¡Aleluya! ¡Gloria al Señor!

Tú y yo, tú y yo cantemos al Señor.
Tú y yo, tú y yo, unidos ante Dios.
Tú y yo, tú y yo cantemos al Señor.
Tú y yo cantemos al Señor.

¡Alelu, aleluya! ¡Gloria al Señor!
¡Alelu, aleluya! ¡Gloria al Señor!
¡Alelu, aleluya! ¡Gloria al Señor!
¡Aleluya! ¡Gloria al Señor!

LETRA: Max Dyer; trad. por Diana Beach.
MÚSICA: Max Dyer.
© 1974 Celebration; trad. © 2007 Celebration, admin. por The Copyright Company, Nashville, TN 37212.

 de Vida

Escoja una o más actividades para que la Biblia cobre significado en la vida.

Materiales:
palomitas de maíz
soda
vasos
servilletas
tocadiscos de discos compactos

Accesorios de Zona®:
disco compacto

Fiesta de alabanza

Dado que es la última clase de esta unidad, considere invitar a los padres y/o hermanos para una fiesta de despedida. Sugiera que se queden hasta el tiempo de despedida. Tenga música de fondo según los invitados llegan. Dé la bienvenida a los invitados y diga unas palabras acerca del enfoque de la lección: alabar a Dios. Levante las palomitas de maíz.

Diga: Hoy vamos a tener una fiesta de alabanza con palomitas de maíz. Suena emocionante cuando el maíz explota. Cuando alabamos a Dios, también nos emocionamos. *(Levante la soda).* **Cuando servimos soda, la efervescencia y burbujas la hacen emocionante, recordándonos cosas felices. Cuando alabamos a Dios, también nos acordamos de cosas felices.** *(Sirva las palomitas y la bebida. Ponga los cánticos de la unidad).*

Materiales:
ninguno

Accesorios de Zona®:
pompones metálicos
maracas de plástico
peluches con brazos largos
pelotas coloridas de playa
botellas de burbjas con carita feliz
pelotas brillantes saltarinas
flautas de plástico

Adiós a los Accesorios

Saque todos los Accesorios de Zona® con excepción de las **botellas de burbujas con carita feliz**.

Diga: Esta es la última semana que nuestras lecciones de Zona Bíblica se llaman "En la casa de Dios". Hemos usado estos Accesorios de Zona® en nuestras lecciones. Han sido estupendos accesorios, así que usémoslos una vez más para alabar a Dios. Cuando sea su turno, den un paso al frente, escojan un accesorio y digan algo por lo cual quieren alabar a Dios, y hagan algo divertido con el Accesorio de Zona®. *(Cuando todos hayan tomado un turno, tome un turno usted. Reparta las botellas de burbujas con carita feliz).* **Las caras felices de estas botellas de burbujas me recuerdan sus caras felices cuando venían a la iglesia y cuando ustedes alababan a Dios. Vamos a hacer burbujas una última vez. Cada vez que hagan algunas burbujas digan, "¡Alabado sea el Señor!"**

Materiales:
ninguno

Accesorios de Zona®:
ninguno

Despedida

Párense formando un círculo. Pongan sus manos en alto.

Diga: Esta es nuestra señal de la mano de hoy: nuestras manos en alto alabando al Señor.

Pida a todos que alcen las manos y que exclamen, "¡Alabado sea el Señor! ¡Aleluya!" Después pídales que se acerquen más en el círculo para que sus manos extendidas se toquen unas a otras.

Ore: Amado Dios, tú nos has dado muchas cosas maravillosas por las cuales te alabamos. Hoy especialmente te alabamos por tu mundo, todas tus criaturas, nuestra iglesia y todos nosotros. ¡Aleluya! Amén.

Haga una copia de Zona Casera® para cada estudiante.

 # Casera para padres

Versículo bíblico
¡Alabado sea el Señor! ¡Alaben a Dios en su santuario!
Salmo 150:1

Historia bíblica
Salmo 150

¡El autor del Salmo 150 es el héroe de todo maestro de música! Este salmo nos dice que debemos alabar a Dios con instrumentos musicales de todo tipo, desde trompetas hasta platillos.

Durante esta semana, ¿por qué no desempaca su clarinete de la escuela preparatoria, toca su sinfonía favorita o disco compacto favorito, improvisa algunos instrumentos con papel de china y peines, u organiza una banda de sartenes y ollas? Celebre los instrumentos musicales y el papel que juegan en su vida y la vida de su familia.

Use este tiempo para hablar con su hijo o su hija acerca de alabar a Dios. Hay muchísimas maneras de alabar a Dios más allá del servicio de adoración tradicional o las oraciones antes de dormir. Considere una de las ideas que le sugerimos a continuación: o una caminata para observar la naturaleza, una fiesta para ver las estrellas, un banderín u otro proyecto de arte, cantar un himno como familia, y otras maneras creativas para ofrecer alabanza. ¡Deje que la energía que Dios le ha dado a su hijo o hija, inspire una semana de alabanza y celebración por las maravillas de la vida!

¡Griten alabanzas!

Pasamos mucho tiempo pidiendo a nuestros niños y niñas que bajen la voz, pero el Salmo 150 dice, "¡Alabado sea el Señor!" Levanten a una voz una alabanza familiar. Pida a cada persona que piense en algo por lo que él o ella quiera levantar su voz en alabanza a Dios. Después tomen turnos repitiendo a toda voz y con alegría esas cosas. ¡Anímense y griten!

Oración de A-L-A-B-A-N-Z-A

¡Aquí hay un juego para que todos participen! Escriba las letras A-L-A-B-A-N-Z-A en una hoja de papel. Necesitará una hoja de papel por cada miembro de su familia. Pida a cada uno que escriba el nombre de algo por lo que quisiera alabar a Dios cerca de cada letra. La única regla es que la palabra necesita empezar con esa letra. Intercambie los papeles y comience la oración: "Amado Dios, te alabamos por estas cosas: *(Cada persona leerá el papel que él o ella tiene en la mano).* El mundo está lleno con tantas cosas maravillosas. ¡Gracias! Amén."

Es bueno alabar a Dios.

Sigue al pez

Reproducible 13A

Megáfono de alabanza

¡Alabado sea el Señor! (Salmo 150:1)

PRIMARIOS MENORES: LECCIÓN 13 **Reproducible 13B**

 de Comida

Vitrales

Haga este postre de gelatina en casa. Y cuando lo saque del molde y lo rebane, ¡podrá sorprender a sus estudiantes con sus ventanas resplandecientes!

Necesitará cuatro colores de gelatina (rojo, azul, verde y amarillo) y un recipiente de 8 onzas de crema batida de imitación. También necesitará moldes cuadrados de 8 pulgadas, dos tazones para mezclar, un molde para pan de 5 por 9 pulgadas, una taza de medir, una cuchara de servir, un cuchillo y un platón.

Mezcle la gelatina azul siguiendo las instrucciones del paquete y luego vierta en el molde cuadrado. Enjuague el tazón con agua caliente, y enseguida mezcle la gelatina verde y vierta en un molde cuadrado. Enjuague nuevamente el tazón y mezcle la gelatina roja. Vierta en un molde cuadrado. Refrigere cada molde por cuatro horas aproximadamente o hasta que la gelatina esté firme. Con el cuchillo, corte los tres colores de gelatina en cubos de ½ pulgada. Coloque 1½ tazas de cada color en un tazón. Separe los cubos restantes.

En otro recipiente, mezcle la gelatina amarilla siguiendo las instrucciones del paquete. Refrigere por 45 minutos. Después revuelva con ½ taza de crema batida de imitación. Añada con delicadeza los cubos de gelatina de colores en el recipiente, revolviendo sólo lo suficiente para cubrir los cubos. Vierta en un molde para pan. Refrigere por cuatro horas.

El molde de la gelatina se transportará más fácilmente si se deja en el molde. Traiga un platón y un cuchillo con usted. Si es conveniente, voltee el molde sobre el platón y saque la gelatina enfrente de los niños y las niñas. Cuando rebane la gelatina, se notarán los cubos de colores brillantes de los vitrales. Si desea, adorne con la crema batida restante.

Zona de Comida

Crucigrama de galletas saladas

Con esta idea para el refrigerio, sus estudiantes harán letras del alfabeto en galletas saladas cuadradas, luego formarán varias palabras en un patrón de crucigrama. Compre galletas cuadradas y dos latas de queso que sale a presión. Necesitarán una superficie en donde crear su crucigrama comible.

Invite a sus estudiantes a hacer letras del alfabeto con las que puedan escribir las palabras *Fe, Iglesia* y *Jesús*. Para hacer esto, dé a dos estudiantes una lata de queso a cada uno, pidiéndoles que uno haga una F y el otro haga una E. Pase las latas y que los siguientes dos estudiantes formen las letras I y G. Continué de esta manera hasta que tenga todas las letras de las tres palabras escritas en las galletas saladas.

Enseguida localice las letras que forman la palabra *Fe*. Alinee la palabra horizontalmente. Después encuentre las galletas que deletrean la palabra *Jesús* y alinéela verticalmente usando la letra E de Fe o poniendo una E encima de la otra. Finalmente reúna las letras que escriben *Iglesia* y conecte esta palabra horizontalmente en el crucigrama usando la última S de la palabra *Jesús*. Coloque la S adicional encima de la otra S.

Señale cada palabra.

Diga: La *fe* de nuestra *iglesia* está cimentada en Jesús.

Pida a sus estudiantes que observen el crucigrama completado y que repitan junto con usted la oración varias veces. Luego invíteles a disfrutar las crujientes galletas. Para más diversión, deje que deletreen sus nombres o iniciales con el queso y las galletas saladas sobrantes.

 de Arte

Vale mil palabras

Registre los maravillosos lazos de sus estudiantes con la iglesia, con este proyecto de fotografía. Compre el tipo de película necesaria para su cámara tradicional, o planee usar una cámara digital y una tarjeta de memoria, junto con papel para imprimir fotos.

Antes de la clase busque un buen lugar determinado para tomar la fotografía de cada niño y niña con el fondo de su iglesia. Considere usar el letrero del exterior, una esquina de piedra grabada, las puertas de entrada o la placa de dedicación como fondo.

Tome una foto de cada estudiante cerca de este lugar identificando a la iglesia, para que dentro de cuarenta años él o ella recuerde este día en esta iglesia. Entrégueles las fotos tan pronto como le sea posible. Asegúrese de escribir sus nombres y las fechas en la parte trasera de las fotografías.

ZONA de Arte

Estampa un borde

¡Permita que sus estudiantes hagan un borde de papel decorativo!

Compre esponjas caseras, pintura acrílica o pintura al temple y un rollo de papel blanco o de color suave. También necesitará tijeras; un plato para cada color; una pequeña brocha y una manera de enjuague para la brocha entre colores (como un tazón con agua); una mesa de trabajo protegida por periódicos; delantales, batas o camisas viejas para proteger la ropa de sus jóvenes artistas.

Antes de la clase use las tijeras para cortar las esponjas en cuadrados y triángulos. Trate de tener una figura para cada estudiante. Cuando sea la hora de estampar, desenrolle el papel, haciendo dos hileras a ambos lados de la mesa, de tal manera que más niños y niñas puedan trabajar al mismo tiempo. Mezcle la pintura al temple usando las instrucciones del paquete. Si usa pintura acrílica, necesitará diluirla con un poco de agua. Sirva sólo la pintura justa para cubrir el fondo de cada plato. (Esto previene problemas de goteo). Coloque los platos a lo largo del centro de la mesa, para que cada estudiante parado en cada lado de la mesa pueda alcanzarlos. Humedezca sus esponjas si se han puesto duras.

Enséñeles cómo estampar. Toque ligeramente la pintura en el plato con una esponja cuadrada, manteniendo la superficie tan plana como sea posible. Presione la esponja en el papel para crear el edificio de una iglesia. Enseguida moje la esponja en forma de triángulo con un color diferente y presione arriba del cuadrado para formar el techo de la iglesia. Use una brocha para hacer una pequeña cruz en la punta del techo. Invite a sus estudiantes a llenar el papel con iglesias estampadas con las esponjas. Vuelva a llenar de pintura los platos cuando sea necesario.

Cuando se complete el proyecto, admire el trabajo artístico de sus estudiantes y recuérdeles que la iglesia nos ayuda a aprender acerca de Dios, Jesús y nuestra fe cristiana. Permita que el papel se seque antes de colgar el borde.

 de Juego

Lotería de pelota de playa

Los niños y niñas rebotarán la pelota colorida de playa en los recuadros para deletrear la palabra *IGLESIA*.

Necesitará doce hojas de papel, un marcador de felpa, una **pelota colorida de playa** de los Accesorios de Zona® y una hoja y lápiz para apuntar el marcador.

Haga los tableros de juego escribiendo una I, una G, una L, una E, una S y una A en dos hojas de papel respectivamente (dos hojas por cada letra). Extienda las doce hojas de papel en una formación rectangular en el piso, y acomode las letras al azar. Prepare una hoja para apuntar el marcador escribiendo los nombres de cada estudiante en el lado izquierdo de la página. Cuando los niños y las niñas reboten la pelota en una letra, usted escribirá la letra en la hoja para llevar un récord de cuántas letras les hacen falta para deletrear la palabra *IGLESIA*.

Alinee a sus estudiantes en una sola fila enfrente del tablero de letras. Deje que cada estudiante rebote la pelota para intentar tocar una *I* para comenzar a deletrear la palabra. Si la pelota toca la letra en el primer intento, apunte la letra *I* junto al nombre del niño o de la niña. El niño o la niña que comenzó el juego se irá al final de la fila. Una vez que todos hayan tenido un turno, el primer niño regresará al tablero e intentará tocar una *G*. Mantenga la fila en movimiento, recuperando la pelota y escribiendo la letra que cada estudiante toca. Para hacer el juego más fácil, deje que los jugadores se paren muy cerca de las letras del tablero. Para hacerlo más difícil, sus estudiantes se pararán más lejos de las letras para tirar la pelota.

Pueden jugar hasta que alguien gane al deletrear *IGLESIA* o hasta que todos los jugadores y jugadoras hayan tocado suficientes letras como para deletrear la palabra. Cuando se termine el juego, recuerde al grupo que la iglesia es la casa de Dios.

En un centelleo

Use la **pelota brillante saltarina** de los Accesorios de Zona® para jugar un juego impredecible donde los jugadores y las jugadoras dicen qué les gusta de la iglesia.

Necesitarán ambas pelotas brillantes. Reúna al grupo en un círculo amplio para que las pelotas puedan ser rebotadas sin lastimar a nadie.

Empiece el juego entre dos jugadores rebotando las pelotas. Si las pelotas centellean esos jugadores dirán algo que les gusta de la iglesia. Cualquier persona en el círculo puede rebotar las pelotas para tener un turno. Las pelotas no centellearán todas las veces, así que nadie sabe quién pasará o quién tendrá el turno de hablar. Ya que hay muchas cosas que nos gustan de la iglesia, ¡debe ser fácil contestar en un centelleo!

¡Sé nuestro invitado!

Refuerce el tema de "En la casa de Dios" teniendo invitados especiales de su iglesia para que hablen con sus estudiantes. Aquí hay algunas sugerencias para personas idóneas con el mensaje de cada lección, pero por supuesto usted puede escoger las que coincida con sus planes.

Lecciones Uno y Dos
Tenga un representante del comité de cuidado del edificio y jardines para que explique acerca del cuidado general del edificio así como las reparaciones especiales y proyectos para nuevas construcciones. Sus estudiantes disfrutarán de escuchar historias como el día en que el árbol se cayó encima de la cúpula, o cómo el salón de compartir se transformó en el salón del coro. Quizá la persona invitada quiera llevarlos a una visita guiada por la iglesia, incluyendo lugares que raramente han visto como el sótano y el cuarto de la caldera, la biblioteca de música o el estudio del pastor u oficina.

Lección Tres
Invite al pastor o pastora, el pastor asociado o un interno para enfatizar en la importancia de proclamar la Palabra de Dios y explicar el orden de adoración en su iglesia.

Lección Cuatro
Invite a alguien que conozca la historia de la iglesia para que hable al grupo. Anime a la persona invitada a traer documentos interesantes y fotos.

Lección Cinco
Pida a un miembro del coro que hable a su clase acerca del gozo de la música religiosa en su vida. Pida al miembro del coro que use su toga del coro y que hable un poco acerca de los ensayos y su participación en el orden de adoración.

Lección Seis
Pida a otro maestro o maestra que visite su clase para compartir sus razones para enseñar. Déjele saber que el énfasis de la historia es Jesús haciendo preguntas a sus maestros en el Templo. Pídale que explique a la clase por qué el preguntar es parte del aprendizaje acerca de nuestra fe.

Lección Siete
Invite a un lector laico a dirigirse al grupo narrando sus experiencias leyendo la Escritura en el servicio de adoración. Alguien que hace esto regularmente tendrá anécdotas que compartir, desde algo gracioso hasta algo conmovedor espiritualmente.

Lecciones Ocho y Nueve
Invite a un o una representante del comité de misiones para que hable acerca de cómo la congregación, gente ordinaria que se reúne en el día de reposo, puede convertirse en una verdadera fuerza para el bien y la sanidad del mundo. La primera semana la persona invitada puede ilustrar esto contando acerca de las maneras diferentes en que la iglesia trabaja en la comunidad. La siguiente semana él o ella puede hablar acerca de las misiones más allá de su comunidad.

Lección Diez
Invite al pastor o pastora, un asociado o un interno a hablar con sus estudiantes acerca de la oración. Pídale que hable acerca de las oraciones que se hacen en la iglesia y también sus oraciones personales.

Lección Once
Pida a su tesorero, tesorera o representante del comité de mayordomía que explique un poco acerca del presupuesto de la iglesia y el proceso del conteo de dinero. Indique a esta persona que recalque que las ofrendas de la congregación se suman, una a una, para poder hacer cosas grandes.

Lección Doce
Invite a un representante de su comité de servicio o camaradería para contar cómo el comité trabaja para ayudar a otras personas.

Lección Trece
Invite a músicos adolescentes o adultos para tocar sus instrumentos a la clase, o invite al organista/pianista y/o director musical de la iglesia para hablar de cómo se usan los instrumentos musicales en su iglesia. Esto puede incluir una oportunidad para que cada estudiante toque unas cuantas notas en el órgano o piano.

Después de que cada persona invitada hable al grupo, dirija a los niños y a las niñas diciendo un fuerte "¡Gracias!" Considere reconocer a las personas invitadas con un artículo en la carta circular o en la página de la red de Internet de la iglesia.

Móvil del camino correcto

DOBLE SOBRE UN GANCHO

Al hombre que honra al Señor, él le muestra el camino que debe seguir.

Salmo 25:12

DOBLE SOBRE UN GANCHO

Comentarios de usuarios

Use la siguiente escala para calificar los recursos de Zona Bíblica®.
Si no usó alguna sección, escriba "no la usé" en el espacio para comentarios.

**1 = En ninguna lección 2 = En algunas lecciones 3 = En la mayoría de las lecciones
4 = En todas las lecciones**

1. *Entra a la Zona* proveyó información que me ayudó a enseñar la Escritura en la lección.

   1   2   3   4   Comentarios:

2. La tabla *Vistazo a la Zona* hizo fácil la planeación de la lección.

   1   2   3   4   Comentarios:

3. El plan de enseñanza fue organizado de manera que lo hizo fácil de usar.

   1   2   3   4   Comentarios:

4. La Guía del maestro proveyó instrucciones fáciles de seguir para las actividades de aprendizaje.

   1   2   3   4   Comentarios:

5. Pude encontrar fácilmente en mi casa o iglesia los materiales necesarios para hacer las actividades.

   1   2   3   4   Comentarios:

6. Mis estudiantes fueron capaces de entender las lecciones de *En la Zona®*.

   1   2   3   4   Comentarios:

7. Las actividades eran adecuadas para el nivel de aprendizaje y habilidades de mis estudiantes.

   1   2   3   4   Comentarios:

8. El número de actividades del plan de la lección funcionó bien para el tiempo que tenía disponible (indique cuanto tiempo) _____.

   1   2   3   4   Comentarios:

9. Usé las actividades de la sección Zona de Juego® de la Guía del maestro.

   1   2   3   4   Comentarios:

10. Usé las actividades de la sección Zona de Arte® de la Guía del maestro.

    1   2   3   4   Comentarios:

11. Usé el disco compacto en mi salón.

    1   2   3   4   Comentarios:

12. Usé los objetos del Paquete de DIVERinspiración® de la Zona Bíblica®.

    1   2   3   4   Comentarios:

13. Envié a casa la hoja Zona Casera® para los padres.

    1   2   3   4   Comentarios:

14. Me gustaría ver las siguientes historias en Zona Bíblica®:

COMENTARIOS ADICIONALES

TITULO DE LA UNIDAD: EN LA CASA DE DIOS

Actividades que mis estudiantes disfrutaron más:

Actividades que mis estudiantes disfrutaron menos:

Usé Zona Bíblica® para_____Escuela dominical _____Segunda hora de escuela dominical _____Iglesia de niños

_____Miércoles por la noche _____Domingos en la noche _____Compañerismo infantil _____Otro

ACERCA DE MI CLASE

Número de estudiantes y edades en mi grupo

_____6 años _____7 años _____8 años

_____otra edad (especifique) _____

Número promedio de estudiantes que asistían a mi clase cada semana:_____

Enseñé: _____solo(a) _____con otro maestro(a) cada semana

_____tomando turnos con otros maestros _____con un ayudante adulto

ACERCA DE MI IGLESIA

_____Rural _____Pueblo pequeño _____Central _____Suburbana

_____Menos de 200 miembros _____200–700 miembros _____Más de 700 miembros

Nombre y dirección de la iglesia: _____

Mi nombre y dirección: _____

Por favor mande este formulario a:
Amy Smith
Departamento de Investigación
201 8th Ave., So.
P.O. Box 801
Nashville, TN 37202-0801

www.ingramcontent.com/pod-product-compliance
Lightning Source LLC
Chambersburg PA
CBHW082231180426
43200CB00037B/2780